보석을 캐는 시간

보석을 캐는 시간

신수옥 수필집

책을 내면서

나폴레옹의 사전엔 불가능이란 없었고 제 2의 퀴리부인이 되고 싶었던 제 사전엔 문학이란 없었습니다. 그렇게 살던 제가 수필집을 내려니 부끄럽고 두렵기만 합니다.

제 나이 이순에 들어서서야 비로소 문학이란 세계가 있음을 알게 되었습니다. 한 사람의 문학인이 되기 위해 새로운 것을 배우며 글을 쓰는 시간, 그것은 자연과학을 공부하면서 느꼈던 것과는 또 다른 희열입니다. 과학만이 참다운 학문이란 고집으로 살아온 시간들에 안녕을 고하고 넓고 넓은 문학의 바다를 향해 돛을 올리고 여기까지 왔습니다. 미숙한 첫 항해일지를 검사받는 떨리는 마음으로 여기 수필집을 내어놓습니다. 아직은 문학성도 예술성도 많이 모자람을 고백합니다. 하지만 이것이 발화점이 되어 문학을 향한 저의 열정이 타오르기 바라는 마음으로 용기를 내었습니다.

망망한 대해에서 어느 방향으로 키를 돌려야할지 몰라 머뭇거릴 때마다 바른 방향으로 인도해주시는 최원현 선생님 고맙습니다. 어둔 밤바다에서 길을 잃지 않도록 등대가 되어주시는 선생님의 제자가 될 수 있었던 것은 제 인생 후반부에 받은 축복입니다. 앞으로 나아가는 길에 큰 파도가 앞을 가로막을 수도 있고 풍랑을 만날 수도 있겠지요. 하지만 문학을 향한 선생님의 열정과 순수를 본받아 꾸준히 정진하겠습니다. 그리고 제 부족한 글에 흔쾌히 서평을 써주셔서 감사합니다.

　문학의 길에 첫 스승이셨던 김병권 선생님께도 감사드립니다. 격려와 축복을 아끼지 않는 문우님들 고맙습니다.

　늦은 나이에 문학과 눈이 맞아 정신 못 차리는 아내를 흐뭇한 마음으로 지지해주는 존경하고 사랑하는 남편과, 엄마가 의기소침할 때마다 힘을 합쳐 파이팅을 외쳐주는 내 귀한 자녀들에게 말로는 다 할 수 없는 사랑과 고마운 마음을 전합니다.

2014년 여름
신수옥

차례

- 책을 내면서 4
- 서평 최원현
  따뜻함(情) 그리고 바름(正)의 눈으로 바라보기 삶의 미학 268

1. 평창동 그날

내 가슴 속의 화롯불 14

평창동 그날 19

눈이 내린다 24

내 별의 한 송이 붉은 장미 29

내 삶의 겨울을 넘어서서 34

아줌마와 교수님 39

캐럴이 울려 퍼지던 밤 44

안녕, 나의 천사들 49

보석을 캐는 시간 55

2. 엄마와 어머니

착한 남편의 실수 60

놀부 심보 아내 65

승자(勝者)의 미소 70

딸아, 미안하다 75

당신도 어느새 그런 나이가 되었구려 80

장성한 내 아들 85

내 생명보다 소중한 90

무엇이 명품인가 95

엄마와 어머니 100

엄마의 원피스 105

3. 봄 앓이

봄 앓이 112

버섯 117

잊을 수 없는 향기 122

비행기 안에서 127

나그네 인생길 132

프린스턴에서 오신 선생님 137

평준화를 거부한다 143

아버지의 넓은 등 147

4. 프린스턴행 기차

불필요한 준비성 154

디즈니월드 여행 159

프린스턴행 기차 164

반짝이던 그 가을의 추억 169

내 친구 메리엘렌 174

영어교실의 친구들 179

보물찾기 184

5. 마침내 백두산에 오르다

긍정의 마음으로 살아야지　190
그럴 수도 있지　195
나이야, 가라!　200
행동하지 않는 죄　206
아우슈비츠의 통곡　211
대표 바보　216
아가야, 나 말고 너　221
마침내 백두산에 오르다　226
자매 여행 이야기　231

6. 여중생과 국회의원

도박의 마력　238

선진사회와 장애인　243

여중생과 국회의원　248

보다 좋은 나라로 가는 길목에서　253

운전하면서 TV 시청하는 세상　258

좋아진 세상에서 생각해 본다　263

1.
평창동 그날

내 가슴 속의 화롯불
평창동 그날
눈이 내린다
내 별의 한 송이 붉은 장미
내 삶의 겨울을 넘어서서
아줌마와 교수님
캐럴이 울려 퍼지던 밤
안녕, 나의 천사들
보석을 캐는 시간

내 가슴 속의 화롯불

요즘 아이들은 학교가 끝나고 귀가해서도 친구들과 마음껏 뛰어 놀지도 못한다. 집에 돌아오기 무섭게 엄마가 짜 놓은 계획표에 따라 정해진 학원에 시간 맞춰 가기 바쁘다. 어릴 때는 많이 놀아야하고 친구들이나 형제들과 어울려 놀며 배우는 것이 무엇보다 아이들에게 필요한 공부가 아닐까. 그런 면에서 생각할 때 요즘 아이들을 보면 참 딱하다는 생각을 하게 된다.

내가 자라던 시절은 어떠했었나. 대부분의 아이들에게 공부란 학교 공부가 전부였고, 집에 오면 가방을 던져놓고 나가 동네 아이들과 어울려 놀다가 저녁 먹으라고 부르는 소리를 듣고서야 집으로 돌아가는 것이 보통 아이들의 일과였다.

저녁식사 후에도 여러 형제들과 어울려 장난치고 놀기도 하고 학교에서 있었던 재미있는 이야기도 나누면서 언니 오빠들은 동생들의 숙제를 돌봐주기도 했다. 잘 시간이 되면 이부자리를 펴주시는 엄마의 수고도 아랑곳없이 뒹굴면서 장난치다 차례로 잠에 곯아떨어졌다. 참으로 평화스럽고 행복하게 하루를 마감하지 않았던가.

초등학교에 들어가면서부터 나는 두 살 위인 작은 오빠와 등하교를 함께 했다. 오빠를 따라다니다 보니 자연히 오빠가 친구들과 어울려 놀 때 나도 함께 놀게 되었고 내 또래 여자아이들과 소꿉장난하는 것보다 오빠들 틈에 끼어서 노는 것이 훨씬 재미있었다. 때로는 오빠가 귀찮다고 떼어놓으려 해도 나는 어떻게 해서든지 오빠에게 달라붙어 따라다니며 놀았다. 자치기도 했고 제기차기도 했고 도찌뽈(터치볼)도 했다. 밤에는 이부자리 위에서 씨름도 했는데 그때마다 엄마는 "계집애가 왜 이리 선머슴 같으냐? 좀 얌전하게 놀아라. 이다음에 누가 데려갈지 쯧쯧…." 하셨다. 하지만 그 어떤 말도 나를 얌전한 아이로 바꾸어 놓지 못했다.

초여름이면 오빠를 따라 뒷산의 아카시아 나무에 올라가 윙윙대는 벌들을 쫓으며 희고 향기로운 꽃을 한 움큼씩 따먹다 벌에 쏘이기도 했다. 술래잡기를 하다 오빠를 찾겠다고 겁 없이 공사 중인 집에 뛰어들다가 지하실 터로 떨어져 많이 다친 적도 있었다.

그렇게 씩씩하게 뛰어놀던 어느 날, 그 날도 집 앞에서 오빠와 열심히 놀고 있었다. 손바닥만한 납작한 돌을 던져 세워놓은 돌들을 쓰러뜨리는 사방 치기라는 놀이였다. 무엇이 맘에 안 들었는지 나는 오빠와 심하게 싸웠다. 힘으로야 감히 오빠를 당해낼 수 없었으나 약한 누이동생을 때렸다고 고자질하면 오빠가 혼난다는 것을 알고 있던 나는 막무가내로 덤벼들어 방어하는 오빠를 때리려고 야단법석을 떨고 있었다. 함께 놀던 아이들이 둘러서서 쳐다보고 있었다. 그때 내 귀를 스치는 누군가의 말이 들렸다.

"어, 저거 ○○동생 수옥이잖아? 저거 얌전한 줄 알았더니 아주 후라빠로구나!"

순간 나는 그 자리에 얼어붙고 말았다. 내가 평소에 흠모해 마지않던 큰오빠의 친구들이 지나가다 그만 그 광경을 보고 말았나 보다. 그것도 모른 채 작은오빠를 때려보겠다고 사방팔방 팔을 휘두르고 있던 나를 보고 자기들끼리 한 말이었는데 그 말이 우레와 같이 큰 소리로 날아와 사정없이 내 가슴을 쳤다.

"후라빠? 내가 후라빠?"

무슨 뜻인지 정확히 알지는 못해도 그 당시에 가장 나쁜 여자를 지칭하는 말로 알고 있던 그 말. 그런데 내가 그런 여자라고? 더군다나 나는 고등학생이던 큰오빠의 친구들만 보면 부끄러워져 고개를 푹 수그리고 도망가 버리곤 해서 그들에게는 아주 여자답다고 평이 나 있던 터였는데.

절망이었다. 나는 얼굴을 두 손으로 가리고 울면서 집으로 뛰어 들어갔다. 식구들 눈에 뜨이지 않으려고 창고로 쓰는 작은 방에 들어가 구석에 쭈그리고 앉았다. 그리고는 수치심으로 어찌할 줄 모르고 한참을 울었다.

그 일이 있은 후로 의기소침해진 나는 작은오빠와 노는 일도 더 이상 즐겁지 않았고 말수도 적어졌을 뿐만 아니라 행동조차 조신한 여학생이 되어갔다. 절대로, 절대로 '후라빠' 소리를 듣는 형편없는 여자가 되어서는 안 된다는 나만의 각오를 되뇌며 먼 훗날 큰오빠의 친구들이 나를 보고는 감탄할 만한 그런 요조숙녀가 되겠다고 결심했다.

나는 가끔 생각한다. 그때 그런 마음의 상처를 받지 않았다면 지금보다 훨씬 발랄한 성격을 갖게 되지 않았을까. 온화하다, 여자답다, 얌전하다, 이런 말을 들으며 거기에 나 자신을 맞추며 살아온 날들이 정말 나다운 삶의 날들이었을까? 가슴 속에는 화롯불을 품고 정열적으로 행동하고 싶은 마음이 절실한 순간이 있었음에도 나는 다른 사람들이 만들어준 틀을 과감하게 깨지 못했다. 그리고 이렇게 조신한 듯 살고 있는 나 자신에게 가끔은 답답함을 느낄 때가 있다. 인생은 하나의 가면을 완성하는 일이라고 어떤 작가가 말했듯이 나도 다른 사람들의 마음에 드는 가면을 만들어 내 본래의 모습을 숨기며 살아온 것은 아니었나 돌이켜보게 된다. 이제는 60년 가까이 익숙해진 가면을 벗어버리는 것은 어려운 일이겠지. 하지만 가능하다면 누구의 아내로서, 엄마로서 내게 덧씌워져 있던 허울 따위는 다 벗어버리고 있는 그대로의 모습으로 살아가고 싶다. 내 내면의 외침을 애써 억누르지 않고 그 순간의 감정에 충실하면서 그렇게 자유인으로 살고 싶다.

(2011년 여름)

평창동 그날

내가 고등학교에 들어가던 해 우리 집은 평창동으로 이사했다. 평창동은 북한산 자락에 위치해 있어서 경치가 참 아름다웠다. 우리가 이사 갔던 1966년경 평창동은 지금처럼 대저택이 자리 잡은 부자동네도 아니었을 뿐 아니라 시내에서 한참이나 떨어져 있어서 교통도 불편하고 별로 알려진 곳이 아니었다. 당시에는 세검정 삼거리가 버스 종점이어서 우리 남매들은 등하교 시에 아주 먼 길을 걸어 다녀야 했고, 그때에 단련된 다리로 지금도 웬만한 거리는 거뜬히 걸어 다닐 수 있다.

우리 집은 큰길에서 산자락을 타고 조금 올라간 지점에 새로 지은 양옥집이었다. 집은 크지 않았으나 부지런하신 부모님은 마당에 각종 꽃을 심어 철 따라 아름다운 꽃들이 피었고 뜰 한쪽에는 싱싱한 채소들을 가꾸었다. 닭도 몇 마리 키워 여섯이나 되는 자녀들의 영양공급에도 신경을 쓰셨다.

대문을 열면 바로 산이 이어졌고 우리 집 가까이에는 복숭아나무가 서너 그루 서 있어서 봄에는 분홍빛 복사꽃이 눈부시게 피어났다. 그때부터 나는 누군가 제일 아름다운 꽃이 무엇이냐고 물으면 망설이지 않고 복사꽃을 으뜸으로 꼽곤 한다.

여름의 푸르름은 말할 것도 없고 가을이면 단풍이 또 얼마나 아름다웠는지. 그리고 눈 덮인 겨울 산의 정취도 빼놓을 수 없는 북한산의 아름다움 중 하나였다. 집에서 조금만 산속으로 들어가면 시냇물이 흐르고 우리 자매는 자주 그곳에서 빨래도 하고 그늘에 앉아 공부도 하곤 했다. 나는 그런 아름답고 조용한 곳에서 내 사춘기를 지낼 수 있었던 것을 지금도 무척 소중하게 생각하고 있다.

고등학교 3학년 말, 대학시험을 내일로 앞둔 날이었다. 그날 밤 나는 엄마와 둘이서만 같은 방에서 자도록 허락받았다. 아래로 두 여동생이 있는 나는 어려서부터 엄마를 차지하지 못하고 자랐다. 그러나 몸이 매우 아프거나 입시 전날같이 중요한 날에는 엄마 곁에서 잘 수 있는 특권이 주어졌.

그날도 나는 함께 방을 쓰던 언니와 동생을 다른 방으로 쫓아(?)내고 엄마 곁에 누웠다. 입시 전날이면 대부분 긴장으로 잠을 설치게 마련이지만 엄마 곁에 누운 나는 정말 편안하게 깊은 잠을 자고 일어났다. 엄마는 나보다 일찍 일어났는지 내 곁에 앉아서 나를 지켜보고 계셨다.

"잘 자서 다행이구나. 그런데 무슨 일이 생긴 것 같다. 밤새 산 속에서 총격전이 벌어진 것 같더라. 펑펑 불꽃이 터지고 총소리가 요란해서 나는 네가 깰까 봐 조마조마했는데…."

그러고 보니 엄마는 잠든 내가 깰세라 마음을 졸이면서 한숨도 못 주무신 것 같았다. 평소엔 잠귀가 밝아 조그만 소리에도 잠이 깨곤 하던 내가 그 난리 통에도 그렇게 깊이 단잠을 잘 수 있었던 것은 엄마 곁이라는 든든함 때문이었으리라.

어쨌건 밤사이에 큰 사건이 터졌고 라디오 뉴스에서는 간첩들이 북한산 줄기를 타고 청와대에 침입하려다가 우리 국군과 밤새 접전을 벌였다고 했다. 그리고 세검정과 평창동, 구기동 일대는 물론 청와대가 있는 효자동까지는 모든 차량과 사람들의 출입을 통제한다고 했다. 그날이 바로 1968년 1월 21일 저 유명한 1·21사태가 일어난 날이었다.

지금은 수능시험을 모든 학생이 한날 한시에 치르는 국가적 행사가 되어 듣기 시험을 치르는 시간에는 비행기도 뜨지 못하도록 정부에서 관심을 기울여주고 있다. 그러나 당시는 대학별로 자유롭게 날짜를 정해서 자율적으로 입시를 치렀기 때문에 그날 시험을 치르는 대학은 몇 되지 않았고, 따라서 그 난리 통에 정부에서 수험생에 관한 것은 생각조차 못했으리라.

우리 집은 그 날 입시를 치러야 하는 나 때문에 비상이 걸렸다. 일단 아버지와 언니가 나를 데리고 집을 나섰다. 세검정

로터리까지 걸어오니 무장한 군인들이 무서운 기세로 차들을 조사하고 자하문 고개가 막혔으니 물론 버스는 그곳까지 들어오지도 못했다. 아무도 수험생에 대한 배려 따위는 생각조차 해주지 않았다.

아버지가 군인 한 명을 붙들고 사정을 이야기하셨다. 그는 상관에게 우리를 데리고 가서 이야기를 나눴다. 그러더니 지나가던 조그만 채소 장수 트럭을 세워 나와 언니를 타라고 했다. 아버지는 언니에게 나를 시험장까지 잘 데려다 주라고 당부하고 다시 집으로 들어가실 수밖에 없었다.

작은 트럭은 지붕이 있는 차였는데 사람이 앉는 좌석도 없었고 그렇다고 서 있을 수 있을 만큼 천정이 높지도 않았다. 이미 많은 사람이 그 비좁은 트럭을 가득 채운 상태였다. 언니는 나를 한쪽 구석에 쪼그리고 앉게 하고 내가 다른 사람에게 밀려 다치지 않도록 내 위로 머리를 숙이고 나를 보호해주었다. 그렇게 해서 서대문까지 오니 비로소 택시를 탈 수 있었다. 학교 입구에서 내려 헐레벌떡 계단을 뛰어올라 시험 전 주의사항을 듣기 위한 장소인 대강당으로 들어갔다. 간신히 지각은 면했으나 내 머리는 머리카락뿐만 아니라 머릿속까지 온통 흐트러져있었다. 그날 나는 어떻게 종일 시험을 치렀는지도 모를 만큼 정신이 없었다. 늘 알던 것인데도 까마득히 생각이 나지 않고 아침에 북새통을 치던 생각만 자꾸 머릿속을 맴돌았다. 총을 든 군인들의 모습이 어른거려 시험에 정신을 집중할 수 없었다.

다행히 합격이었다. 예상했던 것만큼 좋은 성적이 나올 리 없었으나 그래도 그 난리를 쳤던 것을 생각하면 제법 우수한 성적으로 합격했다. 하지만 나는 그날 그런 소란을 겪지 않은 아이들과 동등한 입장에서 아무 배려도 받지 못하고 시험을 쳐야 했던 것이 억울했다. 마치 다른 사람은 가지런한 실타래를 가지고 뜨개질을 하는데 나는 헝클어진 실을 풀어가면서 뜨개질을 해야 했던 것 같은 그런 기분이었다. 어린 마음에 나도 평온하게 시험을 치렀다면 훨씬 더 좋은 결과를 냈을 텐데 하는 아쉬움이, 그때에는 오직 그 마음만이 너무나 컸었.

하지만 지금 와 다시 생각해보면 얼마나 감사한 일이었던가! 내게는 전날 밤의 그 소란으로부터 온 마음을 다해 기도하는 마음으로 나를 지키며 밤을 지새운 엄마와 자식같이 어린 군인에게 머리를 조아려주신 아버지의 사랑이 있었고, 상황을 이해해준 인간적인 고마운 군인과 안전한 지역까지 태워다 준 트럭아저씨, 그리고 몇 살 차이 나지 않으면서도 동생을 알뜰히 보호해 주었던 언니가 있었다. 이들 덕분에 무사히 시험을 치를 수 있었던 것, 그것만으로도 나는 평생 사랑에 빚진 자로 감사의 마음을 잃지 않고 살아야 한다.

아름다운 북한산 자락 평창동에서 살던 때의 일이었다.

(2011년 1월)

눈이 내린다

눈이 내린다. 함박눈이 펑펑 내린다. 잠깐 사이에 온 천지가 은빛 세상이 되어간다. 이런 날 내 마음은 육신의 나이를 망각한 채 어느덧 눈발을 헤치고 아름다웠던 순간들을 좇아 먼 여행길에 나선다.

졸업을 앞두고 대학원 입학이 결정된 후 조교 언니 대신 일을 보고 있던 때였다. 온종일 눈이 내려 캠퍼스가 흰 눈으로 덮이고 나뭇가지 위에도 소복이 눈이 쌓인 아름다운 겨울 풍경에 젊은 가슴이 뛰던 날 이웃한 S대학에 심부름을 가게 됐다. 화학과가 있는 R관을 들어서다가 그 교수님과 우연히 마주쳤다. 대학생활의 마지막 학기에 내가 다니던 대학에 와서 우리 클래스를 가르친 분이었다. 예기치 못한 만남이었기 때문이었을까. 그렇게 반갑고 마음이 설레었다. 하지만 내색할 수는 없는 일이어서 속마음을 감추고 일을 보는데 그분은 반가운 기색을 전혀 감추지 않고 내 일을 도와주었다. 일을 다 마친 후 고맙다는 인사를 하고 나오려 했다. 그분도 퇴근하던 길이라며 함께 교정을 걸어 나왔다. 웬일인지 그분의 손에는 카메라가 들려 있었고 아주 우연인 양 하얗게 눈 쌓인 캠퍼스를 배경으로 내 사진을 몇 장 찍어주었다. 무언지 모를 신비로운 예감이 나를 휩쌌으나 그것이 무엇을 의미하는지 그때는 미처 깨닫지 못했다.

한낮부터 내린 폭설로 길이 마비될 지경인 어느 오후 퇴근이 임박한 시간에 그분한테서 전화가 왔다. 함께 눈길을 걷자고 했다. 신촌의 한 찻집에서 기다리고 있던 그는 나를 데리고 비원으로 갔다. 그것이 아마도 우리의 첫 데이트가 아니었나 싶다. 눈으로 교통이 정체되어 혼란스러운 바깥세상과는 달리 정적에 쌓인 비원은 이름 그대로의 신비스러움에 눈이 내리는 소리마저 들리는 듯했다. 그는 손이 시리겠다며 갑자기, 그러나 아주 자연스럽게 내 손을 잡아 자신의 코트 주머니에 넣었다. 얼떨결에 손이 잡힌 나는 당황한 중에도 그의 따듯한 체온을 느끼며 가슴이 뛰는 환희로 벅차올랐다. 아까부터 내리던 눈은 그대로였지만 내게는 전과 사뭇 다른 풍경이 되어 있었다. 눈송이 하나하나가 오직 나를 축복해주기 위한 것처럼 느껴졌다. 눈 내리는 비원의 숨 막힐 듯 고요한 아름다움! 그것이 내 사랑 시작의 모습이었다.

개학하고 공부와 조교 역할을 병행하는 바쁜 생활을 해나가는 중에도 토요일이면 그 사람을 만날 기대를 하며 힘든 줄도 모르고 지냈다. 어느 한순간도 그의 모습이 내 마음에서 떠나지 않았다. 공부하려고 책을 펼치면 책 속에 그가 있었고 실험을 하려면 비커 속에, 플라스크 속에도 그가 있었다. 밖으로 나오면 하늘 가득 그가 나를 보며 웃고 있었고 잠들면 꿈속에도 그가 내 곁에 있었다. 그의 사랑을 받고 있다는 것만으로도 나는 세상에서 가장 행복한 여자였다.

4월이 가까워지면서 교정은 봄의 기운이 넘치고 있었다. 3월의 마지막 날, 그 사람의 생일 선물을 사려고 도예과를 찾았다. 도예과 학생들이 구워 낸 청자 작품들은 아기자기하고 마음에 들었다. 작은 꽃병 하나를 샀다. 그 사람도 마음에 들어 하면 좋겠다는 생각을 하며 건물을 나서는데 그 사이 함박눈이 쏟아지고 있는 것이 아닌가! 내일이면 4월인데 어쩌면 그렇게 탐스러운 눈이 내리는 걸까. 하늘이 우리들의 사랑을 축복하기 위해 내려주는 은총이라는 생각을 하며 가슴에는 조금 전에 산 청자 꽃병을 소중히 품고 펑펑 쏟아지는 흰 눈을 맞으며 연구실로 돌아오는 마음이 기쁨으로 가득 찼고 오직 그 사람의 모습만을 그리며 홀로 걷던 그 눈길의 정경은 지금도 내 망막에서 지워지질 않는다.

금융기관에서 연례적으로 하는 영화감상회에 초대받아 모처럼 우리 내외가 데이트하는 날이었다. 대학에 다니는 딸과 아들은 자신의 일로 바빠 늦어서야 귀가할 테니 우리 두 사람은 편안한 마음으로 집을 나섰다. 평소보다 마음 써서 화장하고 몇 안 되는 옷 중에서 그래도 제일 예쁜 옷으로 갈아입은 나는 젊은 날을 생각하며 그이의 손을 잡고 그이의 코트 주머니에 손을 넣었다. 옛날에는 잡힌 손을 어찌해야 할지 몰라 꼼짝 못 하고 있었으나 이제는 내 손과 다름없는 그이의 손에 이런저런 장난을 치면서 예약해 놓은 식당에 갔다. 저녁을 먹고 있는데 느낌이 아주 좋아 창밖을 보니 어느새 함박눈이 온 천지를 뒤덮을 듯 쏟아지고 있는 것이 아닌가. 그해 겨울이 시작되면서 내리는 첫눈이었다.

"어머, 눈이 내리고 있어요."

식사 후 영화를 보고 나오니 온 세상은 이미 흰 눈으로 뒤덮여 있었다. 차들은 엉금거리고 첫눈을 즐기려는 젊은이들로 거리가 넘쳐났다. 곳곳마다 휴대폰을 열고 사진 찍는 풍경들에서 젊음의 생기가 느껴졌고 우리는 한걸음 물러나 구경하는 것으로 만족했다. 그래도 첫눈 쏟아지는 날의 데이트로 우리는 한동안 젊은 기분을 느낄 수 있었다.

지난겨울은 유난히 춥고 눈이 많이 왔다. 눈이 오는 날이면 이제는 결혼해서 각자의 가정을 일군 아이들이 안부 전화를 한다. 춥고 길이 미끄러우니 가능하면 외출하지 말고 조심조심 지내시라고. 그래, 그래야지. 행여 얼음판에 미끄러지거나 주저앉거나 하면 큰일이니 미리미리 알아서 조심해야 하는 나이가 되었지.

아침 청소를 하려고 베란다 커튼을 여니 온 천지를 은빛 세상으로 만들며 눈이 쏟아지고 있다. 어느 때보다도 탐스러운 함박눈이다. 서재에서 책을 읽고 있던 남편을 불렀다.

"여기 좀 나와 보세요. 함박눈이 쏟아지고 있어요."

곁에 온 남편이 어깨동무한다. 조용하고 깨끗하게 정돈된 거실에서 창밖을 내다보며 남편은 내 어깨에, 나는 그이의 허리에 팔을 두르고 우리는 아무 말도 하지 않고 소리 없이 쏟아지는 눈을 한참이나 보고 서 있었다. 휘날리는 눈 속으로 데이트 나가고 싶은 마음이야 자제해야 했지만 그이도 나처럼 마음만은 멀리멀리 눈송이처럼 날아서 젊은 날의 추억 속으로 여행하고 있음을 느낄 수 있었다.

눈송이 하나하나에 우리가 살아온 날들의 편린들이 실려 함께 춤추듯 나부낀다. 사랑했던 순간들, 아이들을 낳고 키우며 기뻤던 순간들, 힘들고 고달팠던 순간들조차 눈송이에 실리니 아련한 그리움이 되어 나른다. 세월은 그렇게 흘러가고 있었다.

(2011년 봄)
—《순수문학》 2011년 7월호

내 별의 한 송이 붉은 장미

첫 번째 안식년을 맞은 남편을 따라 내가 난생 처음 미국에 간 것은 내 나이 만 스물일곱 살 때였다. 결혼한 지 4년. 두 돌 반 된 딸과 함께였다. 남편의 동료교수들과의 부부 동반 모임에 나가면 미국생활을 안 해본 사람은 나 혼자여서 늘 소외감을 느꼈었는데 이번이 참 좋은 기회라 여기고 설레는 마음으로 미국생활을 시작했다.

처음엔 영어에 자신이 없어 혼자서는 외출하지 않았다. 남편과 함께 다니면서 누가 말을 시키거나 내가 꼭 말을 해야 할 때에는 남편이 대신해주기를 바라며 남편의 눈치를 살폈다. 처음에 몇 번 대신 말해주던 남편은 어느 날부터는 '당신이 스스로 해보려는 노력을 해야지 언제까지 대신해주기를 바라느냐.'며 모른 척 하기 시작했다.

시간이 지나면서 내가 기대했던 것과는 달리 영어도 빨리 늘지 않고 결혼과 출산으로 이루지 못했던 유학에의 꿈을 이렇게 좋은 학교에서 이룰 수 있으리라는 기대도 점점 희박해져갔다. 남편은 자신의 연구에 몰두하느라 아내가 얼마나 외로워하는지 또는 얼마나 공부하고 싶어 하는지 짐작도 못하는 듯했다. 많은 시간이 흐른 후에 그러면 그 때 왜 자기한테 도움을 청하지 않았느냐고 했다. 바빠하는 남편에게 자꾸 보채는 것 같아 여러 번 이야기를 하지는 않았어도 한두 번 내 속마음을 말한 적이 없지 않았다. 자기 일에 너무 바빠 그저 흘려들었던 것이지. 저녁을 먹은 후에도 남편이 다시 연구실에 나가니 나는 온종일도 모자라 저녁시간까지 어린 딸과 둘이서만 지내야했다. 결혼도 했고 자녀가 있다고는 해도 아직 서른도 안 된 어린 나이였기 때문이었을까. 차츰 엄마도 보고 싶어지고 하고 싶은 공부와 멀어지고 있다는 생각에 마음이 울적해지는 때도 있었다. 운전을 못하기도 했거니와 어린 딸 때문에 마음 놓고 돌아다니지도 못했다. 동네에 사는 한국 유학생 부인들 몇 명과 사귀며 서로 아이들을 맡기고 버스시간에 맞춰 잠시 외출하는 것과 영어교실에 나가는 것이 고작이었다.

  캠퍼스가 중심인 대학도시였기 때문이었을까. 어디를 가도 젊은 학생들이 참으로 많았다. 미국의 젊은 여성들. 동양인인 내 눈에는 금발에 푸른 눈을 가진 그들이 그렇게 예뻐 보일 수가 없었다. 여름에는 거의 속옷으로 보이는 옷만 입고 거리를 활보할 때 보면 건강미가 줄줄 흐를 뿐 아니라 몸매도 탄력 있고 요즘 말로 하면 그야말로 멋진 S라인을 갖고 있었다. 거기에 비하면 나는 너무 보잘 것 없다는 느낌이었다. 나는 키만 컸지 깡말라서 볼품도 없고 얼굴도 백옥같이 빛나는 그들보다 내 스스로의 눈에도 별로 매력적이지 않았다. 내가 흑백 TV라면 그녀들은 화려한 컬러TV 같다고 하면 옳은 비유가 될지 모르겠으나 하여간 나는 열등감을 느끼기 시작했다. 남편의 연구가 궤도에 올라 더욱 바빠질수록, 그래서 함께 지내는 시간이 부족할수록 나의 열등감은 점점 더 심해져갔다. 남편의 귀가가 늦어지는 것이 매력도 없고 대학에서 함께 연구하는 여자들보다 지적으로도 부족한 내 탓이라는 어리석은 생각을 하기에 이르렀다. 한 번 그런 생각에 빠지니 모든 것을 그런 쪽으로만 해석하게 되는 것을 어찌할 수 없었다. 슬프고 외롭고 힘들었다.

어느 날 밤 딸을 재워놓고 혼자 식탁에 앉아 하염없이 울었다. 울면서 편지를 썼다. 지금 생각해보면 유치하기 짝이 없지만 당시에 나에게는 아주 심각했으므로. 그 많은 미모의 여성들, 지적인 여성들만 못해서 미안하다.' 뭐 그런 내용이었던 것 같다. 다음 날 아침 출근하는 남편의 셔츠주머니에 편지를 넣어주며 학교에 가서 읽으라고 했다. 딸에게 밥을 먹이는데 눈물이 주르르 흘렀다. 딸은 이상하다는 듯이 쳐다보며 왜 우느

나고 물었다. "그냥." 얼른 눈물을 닦았다. "엄마, 할머니 보고 싶어서 울어?" 나는 건성으로 그렇다고 대답했다. 그 때 전화벨이 울렸다. 딸이 받았다. 잠시 '응, 응.' 대답하던 딸이 "그런데 아빠, 엄마가 울었어. 할머니 보고 싶다고. 응 응. 엄마 바꿀게." 남편은 우선 내게 미안하다고 하며 집에 가서 이야기할 테니 아무 염려 말고 마음 편히 있으라고 했다.

남편은 이야기했다.

"당신이 그렇게 힘들어 하는 줄도 몰랐으니 내가 너무 무심했어요. 이곳에 있는 동안 부지런히 일 하려는 생각 뿐 당신이 처음 온 타국에서 외로울 것이라는 것은 미처 깨닫지 못했소. 그동안 혼자서 아이 돌보면서 당신 참 힘들었겠구려. 미안해요. 하지만 단 한 번도 당신이 부족하다고 생각한 적 없어요. 오히려 내가 부족하면 부족했지. 화려하고 아름다운 미국 여자들이 아무리 많은들 나와 무슨 상관이 있겠소. 잘생기고 멋진 미국남자들이 아무리 많아도 당신과 상관없는 사람들인 것과 마찬가지 아니겠소? 어린왕자에 이런 말이 나오는 것 기억하지? 어린 왕자가 수많은 아름다운 장미에 둘러싸여 있을 때 자기별에 두고 온 장미, 자신이 물을 주고 추우면 유리덮개로 덮어주며 돌봐서 서로에게 길들여진 그 장미가 그리웠다는 이야기. 때로는 터무니없는 떼를 쓰기도 하고 특별히 예쁘지는 않아도 자신에게는 그 장미가 가장 소중하다고 했던 이야기

말이요. 우리는 누가 뭐래도 당신은 내게, 나는 당신에게 길들여진 부부 아니요? 당신은 내게 그런 존재요. 아무리 아름다운 여자들 틈에 있어도 그리워지는 사람. 부족하면 부족한 대로 내게 가장 합당하기에 하나님이 내게 허락하신 단 한 사람의 여자가 바로 당신 아니겠소?"

　남편의 진솔한 이야기를 들으며 많은 위로를 받았다. 그동안 한 번도 표현하지 않았던 남편의 진실한 속마음을 들음으로써 아직 결혼생활 초보였으므로 남편을 잘 몰라서 가슴 가득했던 불안과 슬픔은 씻은 듯이 사라졌다. 그 후로 세월이 흐를수록 우리는 서로에게 더욱 길들여져 갔고 어떤 상황에서도 상대방을 믿는 철저한 신뢰가 쌓여 갔다. 몇 달 후, 아직 철이 덜 들어 모든 면에서 부족하기 이를 데 없었던 내 모습을 그곳에 버리고 둘째를 임신하여 불룩한 배를 안고 어른스러워진 모습으로 귀국했다. 이 날까지도 내가 완벽하게 신뢰할 수 있을 만큼 신실한 남편이 고맙고, 나 또한 남편에게 똑같이 믿음을 주는 사람으로 인정받는 아내인 것이 참으로 감사하다.

(2011년 겨울)

내 삶의 겨울을 넘어서서

따사로운 봄볕이 온 산을 깨워 일으켰나보다. 날씨가 풀리기만을 기다렸다는 듯 산에는 진달래, 벚꽃, 산목련 등이 다투어 피어나고 있다. 우중충한 겨울을 견뎌낼 수 있었던 것은 머지않아 겨울이 끝나고 아름다운 봄이 올 것을 알고 있었음이리라. 사시사철 꽃만 피어있을 수 없고 그렇다고 일 년 내내 추위로 얼어붙어 있지도 않음을 알기에, 우리의 삶도 이런 자연을 닮고 있기에, 오늘도 힘을 낼 수 있는 것이 아닐까.

다른 사람들이 보기엔 언제나 꽃이 만발해있는 봄을 살고 있을 것 같은 나에게도 말로 하기 힘들 만큼 추운 겨울의 시간들이 있었다. 아주 혹독한 겨울 같던 그 일은 내 평생을 통해 가장 아름답게 빛났어야할 나이 서른을 조금 넘겼을 때였다.

결혼 후 두 아이를 낳고 어느 정도 육아의 어려움에서 벗어나게 되자 서서히 마음속에 갈등이 싹트기 시작했다. 나는 나를 형성해준 두 개의 가치관 사이에서 헤매고 있었다. 첫 번째는, 자라면서 줄곧 가정에서 배운 남존여비 사상— 여자의 길, 며느리의 도리와 의무, 삼종지도에 칠거지악까지. 두 번째는, 최첨단의 서구교육을 시행했던 중·고등학교를 거쳐 같은 재단의 대학에서의 긴 시간, 즉 내 의식이 자라던 십여 년 동안 귀가 닳도록 배운 페미니즘— 남녀평등, 여성해방, 여성의 권리, 여성의 자아성취 등. 이 두 가지가 결혼과 함께 시작된 새로운 삶의 현장에서 충돌하면서 만들어 내는 파열음이 너무도 커서 괴로웠다. 견뎌내려고 안간힘을 쓰며 버텼다. 어릴 때부터 간직해왔던 여류과학자가 되고 싶었던 꿈조차 모두 포기한 채 자기희생이라는 아름다운 덕목을 우선으로 하면 될 줄 알았다. 그러나 희생하는 자에게 감사하기보다는 날이 갈수록 더 많은 희생을 요구하는 현실 앞에서 내 연약한 영혼은 결국 더 이상 견디지 못하고 불면증으로 고통 받기 시작했다.

'불면증 환자!' 받아들일 수 없었다. '내가 왜?' 약을 먹다 끊다 하는 악순환이 계속되었다. 그래도 처음에는 잠 못 이루는 괴로움이 있었을 뿐 사는 것이 못 견디게 힘들다거나 우울해서 죽고 싶다거나 하지는 않았다. 하지만 그렇게 몇 년의 시간이 흐르다 보니 내 몸과 마음은 약해질 대로 약해져 있었나 보다. 어느 날 원인 모를 하혈을 심하게 하고서 쓰러지고 말았다. 간신히 정신을 차리고 앉은 내 몰골을 본 의사는 두말하지 않고 입원허가서를 써주었다.

입원한 날 밤. 모든 시중을 끝낸 남편이 곁에 앉아 위로해주었으나 이미 내 영혼은 아무것도 생각할 수 없을 만큼 피폐해져 있었다. 밤이 늦어지자 남편은 내일 다시 오마하며 이마에 가볍게 안녕 입맞춤을 해주고 갔다. 그가 병실 문을 닫고 나가자 텅 빈 사막에 혼자 버려진 것 같은 외로움이 엄습해왔다. 갑자기 가슴 가장 깊은 곳에서 울컥 뜨거운 눈물이 솟구쳐 나왔다. 베개에 얼굴을 파묻고 울었다. '내가 왜 이렇게 되었을까. 도대체 무엇이 부족해서, 무엇이 어디에서부터 잘못되어 이런 고통을 당해야 하나. 죄 없는 남편과 자식들은 이제 어떻게 해야 하나.' 눈물이 그치지 않아 화장실로 들어가 수돗물을 크게 틀어놓고 한쪽 구석에 쭈그리고 앉아 처음으로 마음 놓고 소리 내어 울었다. 집에서는 내 괴로움을 남편이나 아이들이 눈치 챌세라 한 번도 드러내놓고 울지 못했었다. 그렇게 몸부림치면서 결국 깊은 수렁에 빠져들고 말았다. 허우적거릴수록 더 깊이 빠져드는 수렁. 무서운 우울증이었다.

공휴일. 남편이 아이들을 데리고 왔다. 아이들의 풀죽은 모습이 내 가슴을 아리게 했다. 웃음을 잃은 채 환자복을 입고 링거를 꽂은 핼쑥한 엄마를 휠체어에 태우고 딸과 아들이 번갈아 밀면서 병원을 산책했다.

"엄마, 많이 편찮으세요?" 착하고 속이 깊은 우리 딸.
"엄마, 언제 집에 오실 거예요?" 아직 티 없이 맑은 어린 아들.
이 아이들의 엄마노릇을 제대로 해낼 자신이 없었다.

퇴원을 하고 집으로 돌아왔다. 겉보기에는 멀쩡한 내 모습. 가족들은 다시 내 손길을 기다리고 있었다. 저녁밥을 지을 시간이 되어 부엌으로 들어가려는데 갑자기 눈물이 쏟아져 주저앉고 말았다. 소리를 죽여 가며 한참을 울었다. 그랬다. 나는 웃음을 잃었을 뿐 아니라 정상적인 생활도 할 수 없을 만큼 병들어 있었다. 하는 수 없이 남편이 이끄는 대로 외식을 하고 들어왔다. 가족의 식사도 챙기지 못하는 쓸모없는 여자가 되어버렸다는 생각으로 슬픈 내게 남편은 말했다. 엄마 노릇을 못해도 괜찮고 아내 노릇을 못해도 괜찮다. 밥을 못하면 사먹으면 되고 다른 것도 자신이 다 감내할 테니 제발 우울해하지만 말아달라고. 우울증환자에게 우울해하지만 말아달란다. 남편도 아내의 상태를 제대로 이해하지 못하고 있었다.

자포자기의 시간을 보내면서 내가 살아있다는 것이 아무에게도 도움이 되지 않는다는 생각에 죽음을 생각하는 시점까지 이르렀다. 하지만 아직 내 보살핌이 필요한 어린 두 아이들과 자살은 죄라는—어릴 때부터 받은 신앙교육—이 두 가지가 나를 쉽게 죽도록 내버려두지 않았다. 필설로는 다 표현할 길 없는 숱한 혼돈과 고통의 시간을 거쳐 드디어 머리맡에 놓인

다량의 수면제를 손에 들었다. 그 순간 무슨 힘이었을까 신기하게도 살아야 한다는 생각이 한줄기 빛처럼 내 심장을 관통했다. 그때부터 죽을힘을 다해 몸부림치며 수렁을 헤치고 나왔다. 한 손은 하나님을 잡고 다른 한 손은 남편을 잡고서. 물론 의사의 도움도 거부하지 않았다. 수렁을 빠져나오고 보니 세상은 밝은 빛으로 가득차 환하게 빛나고 있었고 가족을 비롯해 부모형제, 친구들, 주변의 모든 사람들이 고맙고 사랑스러웠다. 산다는 것이 얼마나 큰 축복인가를 뼈저리게 느끼며 회복의 날들이 시작되었다.

　순탄한 삶을 살아오며 작은 비바람에도 견디지 못하고 넘어지는 온실 속의 연약한 꽃과 같던 내가 그 엄청난 시련을 겪으면서 세상에 깊게 뿌리내린 튼튼한 나무로 변했다. 살아가는 길에는 생각지도 못했던 한파도 겪을 수 있고 깊은 계곡을 건너야 할 일도 있음을 깨달았다. 이제는 어떤 상황이 닥쳐도 삶을 포기하고 싶을 만큼 힘들었던 그때를 생각하면 참아내고 이겨내지 못할 일이 없으리라. 젊은 날, 그 날의 고통이 있었으므로 나는 삶의 소중함을 깨달았고 내게 허락된 오늘을 감사로 맞이하고 감사로 마무리할 수 있는 사람이 되었다. 고통 또한 견디고 넘어서면 소중했던 순간으로 남는 우리 인생의 한 부분이 아닐 수 없다. 겨울을 참고 견디면 봄은 꼭 오게 되어있다.

(2012년 2월)

아줌마와 교수님

거울 앞에 서서 내 모습을 요모조모 아무리 뜯어보아도 촌스럽기만 하다. 아이들을 키워놓고 다시 시작한 학교 공부를 끝낸 지도 어느 새 5, 6년이란 세월이 흘렀던 때였다. 긴 시간 동안 집에서 평범한 아줌마로 퍼져 지냈더니 모처럼 갖춰 입은 정장이 어색하기만 하다. 게다가 동네 미장원에서 한 파마머리는 왜 그리 뽀글거리는지 없는 솜씨라도 발휘해보지만 별로 세련되어 보이지 않는다.

첫 아이가 대학에 들어간 해 기쁜 소식도 알려드리고 새해 인사도 드릴 겸 옛 스승님께 전화를 드렸다. 이런 저런 안부를 하신 후 안 그래도 전화를 하려던 참이었다며 왜 좋은 능력을 썩히고 집에만 있느냐고 꾸지람하셨다. 당황해서 우물쭈물하고 있는 내게 당신이 근무하는 학교에 나와서 가르치라고 하셨다.

고등학교 시절 물리를 가르치시던 선생님이 이제는 대학의 교수가 되어 계셨다. 그 사이 모교에서 잠깐씩 가르친 적은 있으나 경험도 부족하고 학위를 받지 못하고 끝낸 내 공부가 모자라서 못한다고 말씀드렸다. 하지만, 그만하면 충분하다고 생각해서 권하는 것이니 사양 말고 당장 다음 학기부터 나오라고 엄명을 내리셨다.

발등에 불이 떨어지고 마음이 급해졌다. 책을 받아서 다시는 하지 않을 줄 알았던 화학공부를 시작했다. 다행히 남편도 나와 전공이 같으니 집에는 참고서도 풍부하고 공부하다 모르면 남편에게 물으면서 할 수 있어서 다행이었다. 혹시라도 남편이 귀찮아하는 기색이라도 보이면 좀 미안하기는 해도 어쩔 수 없이 애교라도 부려보는 수밖에 없었다. "내가 오늘 날 왜 이런 것도 몰라서 당신을 괴롭히게 되었는지 생각해 보세요. 당신 뒷바라지 하고 애들 키우며 살림하느라고 이 지경이 된 것 아니겠어요. 당신이 지금 나를 귀찮게 생각하면 제가 어찌해야 할까요." 반쯤 협박이 섞인 회유로 남편을 달래가며 공부했다.

어느 정도 한 학기 가르칠 준비를 끝내고 보니 입고 나갈 옷이 마땅치 않았다. 서둘러 언니를 불러내어 같이 옷을 사러 다녔다. 옷도 자주 사 입어 본 사람이 자신 있게 사는 것이지 오랫동안 세련된 옷을 사본 적이 없으니 도대체 감이 잡히지 않았다. 언니의 조언대로 갈색계열의 투피스를 샀다. 백화점

매장 점원이 '너무 멋져요.'를 외쳐대길래 정말 그런 줄 알고 샀는데 집에 와서 입어보니 어색하기 이를 데 없었다. 내 옷같이 편안하지 않고 남의 옷을 빌려 입은 듯한 느낌이었다. 무엇보다 여교수의 교양과 품위가 내 얼굴에서는 느껴지지 않았다. 당연한 일이었지만 조금 서글펐다.

첫 시간 강의실에 들어갔다. 옛날에 모교에서 가르칠 때는 여학생들뿐이었는데 반해 강의실엔 남학생들이 대부분이었다. 마음을 가라앉히고 출석을 불렀다. 그런데 생각했던 것보다 마음이 편했다. 이유가 무엇일까. 강의실에 앉아있는 학생들이 내 딸, 아들과 비슷한 나이였기 때문이리라. 열심히 강의를 하며 판서(板書)를 하려고 칠판 쪽을 향하고 있는데 어느 학생이 질문할 것이 있는지 "교수님!" 하고 불렀다. 순간 머리가 딩~ 하고 울리며 이것이 무슨 소리지? 잠시 이해가 되지 않았다. 교수님? 누가, 내가? 어제까지 다른 사람들한테 아줌마라고 불리던 나였으니 어리둥절할 수밖에. "교수님!" 내가 빨리 대답을 안 하자 그 학생이 다시 한 번 나를 불렀다. 상황을 이해하고 나자 내 입가에 웃음이 번졌다.

아직 더위가 가시지 않은 9월. 교실에 들어가면 운동장에서 뛰어놀다 들어온 남학생들의 퀴퀴한 냄새가 교실 안에 가득했다. 창틀에 주욱 올려놓은 가방들이 정겹고 드문드문 농구공 가방도 보였다. 나는 남학생들의 땀 냄새나 혈기 왕성한 젊음이, 농구를 하고 땀 흘리며 집에 돌아온 내 아들을 느끼게 해주어서 기분이 좋고 어린학생들이 마냥 사랑스럽게 느껴졌다. 하얀 실험복으로 갈아입고 실험실에 들어설 때 코끝에 느껴지는 화학약품 냄새가 젊은 날을 회상시켜주는 것도 즐거웠다.

어느 학기에는 야간반을 맡았는데 직장인들도 듣는 반이어서 당시의 나보다 나이가 많은 학생들도 있었다. 실험까지 끝낸 늦은 시간 나이든 학생들은 나의 퇴근길을 걱정해주었고 몇 명은 연약한 여교수(그들의 표현)를 집까지 태워다주는 친절을 베풀기도 했다. 나름대로 따듯하고 여유로움이 느껴지는 새로운 경험이기도 했다.

서울의 서남쪽에 위치한 우리 집에서 동북쪽에 있는 학교까지 가려면 마을버스와 지하철과 학교버스를 갈아타면서 거의 두 시간이 걸렸다. 다행히 친정 부모님 댁이 학교 근처여서 부모님도 뵐 겸 쉬어갈 수 있었던 것이 내 힘을 덜어주었다. 나이가 들어갈수록 먼 길 다니는 것이 힘에 버겁게 느껴졌다. 몇 학기 지나면서부터는 매번 이번 학기가 마지막이라고 생각했음에도 다음 학기가 되면 다시 가방 들고 학교로 가는 자신을 발견하곤 했다. 힘들고, 그렇다고 미래가 보장된 것도 아니고 더군다나 강사료라는 것은 차비 정도밖에 안 되는데 나로 하여금 학교로 향하게 하는 원동력이 무엇이었을까? 물론 내가 공부한 것을 활용해서 학생들을 가르친다는 기쁨이 컸던 것도 사실이다. 하지만 솔직히 고백하자면 부족한 내가 아줌마가 아닌 교수님으로 불리는 것이 행복하기 때문이었다. 남편을 웃기고 싶을 때 나는 말했다.

"당신은 일주일, 한 달 내내 고생해서 교수님소리 듣지만 나는 실컷 놀다가 일주일에 한 번 나가면서도 교수님 소리 듣는다구요. 그러니 이 아줌마 우습게 볼 생각 마세요!"

즐거웠다. 내 자녀 같은 아이들과 함께 할 수 있었던 시간들이 더 없이 기쁘고 보람을 느끼게 해주었다. 그 시간동안 내 삶은 활기로 가득차고 열정으로 가슴이 뛰었다. 뒤늦게 한 공부가 그냥 무용지물로 사장되어버리지 않고 활용될 수 있도록 이끌어 주신 스승님께 이 기회를 통해 다시 한 번 감사의 마음을 전해드리고 싶다.

(2012년 5월) 스승의 날에 즈음해서

캐럴이 울려 퍼지던 밤

이른 저녁을 먹고 곱게 단장한 후 집을 나서 서강동 도서관으로 향했다.

12월에 들어서면서 햇살이 부쩍 짧아졌다. 해가 설핏 지는가 싶더니 곧 어둠이 몰려들고 밤하늘의 별들이 모두 지상으로 쏟아져 내린 듯 거리는 색색의 불빛으로 빛나기 시작했다. 오늘은 가곡교실 회원들의 발표회가 있는 날이다. 친구의 권유에 못 이겨 교실의 일원이 된 지는 얼마 안 됐지만 함께 무대에 서야 한다.

워낙 노래에 자신이 없는 나는 성악가들이 시원스레 노래 부르는 모습을 볼 때면 늘 부러웠다. 나도 저렇게 노래를 부를 수 있다면 얼마나 좋을까. 마음이 답답할 때나 외로울 때 노래로나마 속을 달랠 수도 있을 텐데 라는 생각은 늘 갖고 있었다. 하지만 원래 목청을 타고 나지 못한 사람은 배워도 소용이 없으리라는 선입견 때문에 배워볼 생각조차 하지 않았었는데 친구는 자신도 배우면서 차츰 잘하게 됐다며 나를 독려했다.

처음으로 친구를 따라 교실에 들어간 날은 새로운 분위기가 어색하기만 했다. 회원들은 대략 40명 정도였고 연세가 있어보였다. 젊은 선생님을 따라 발성연습을 시작으로 노래를 부르기 시작했다. 얼떨떨한 가운데 몇십 년 만에 교실에 앉아 책상 위에 음악책을 펼쳐놓고 선생님의 지도를 받으며 노래를 부르고 있자니 갑자기 고등학교 때 음악시간이 생각나서 가슴이 뭉클하도록 그 시절이 그리워지기도 했다. 혼자서 하는 것이라면 잘 안된다고 그냥 포기하고 말았을 것을 다 같이 하니까 나도 되던 안 되던 목청껏 소리를 높여보았다. 몇 달쯤 그렇게 하면서 음역대가 서서히 늘어가는 것을 느끼게 되었다. 집에 돌아와서는 남편 앞에서도 불러보고 아이들이 놀러오면 아이들 앞에서도 불러보았다. 마음이 즐거워지고 집안일을 하면서도 흥얼흥얼 노래연습을 하곤 했다. 때론 음이 높아 올라가지 않아도 억지로라도 소리를 질러대다 보면 마음에 쌓였던 스트레스도 풀리고 자주 남편을 웃길 수 있어서 더욱 즐거웠다.

도서관 강당엔 이미 회원들이 한껏 치장을 하고 가족들은 저마다 꽃다발을 들고 와 자리를 잡고 이야기꽃을 피우고 있었다. 국민의례와 축하말씀에 이어 발표회가 시작되었다. 먼저, 오랫동안 배워 실력을 쌓은 회원, 잘하는 회원들의 독창이나

이중창으로 공연의 앞부분이 진행되었다. 평소에는 잘 입지 않던 예쁜 의상을 차려 입고 짙은 화장을 한 출연자들이 조명을 받으며 멋지게 노래 부르는 모습을 보니 나는 언제나 저 정도가 될까 부러웠다. 젊어서 성악을 전공하셨다는 분의 노래는 단연 돋보였고 부부가 듀엣으로 부르는 모습은 모든 사람들의 부러움을 사기에 충분했다. 부부가 같은 취미를 공유하고 같이 즐기며 나이 들어 갈 수 있다는 것이 무척 부러웠다.

대부분의 순서가 거의 끝나고 모든 회원들이 합창을 해야 하는 순서만 남았다. 그런데 그에 앞서 특별 공연이 있겠다고 했다. 우리를 지도하시는 선생님이 시내의 한 실버타운에 사시는 어르신들로 구성된 합창단도 이끌고 있는데 그분들이 우리를 축하해주기 위해 오신 것이라 했다. 박수를 받으며 등장한 어르신들이 두 줄로 죽 늘어섰다. 걸음도 느릿한데 저 연세에 아직 취미활동도 하고 더욱이 추운 날씨에 먼 길 마다않고 와서 노래를 불러주신다는 것에 마음이 찡했다. 조용히 노래를 듣다 보니 앞 줄 한 가운데 낯이 익은 두 분이 보였다. 대학 다닐 때 친하게 지내던 친구의 부모님이셨다. 그래 맞다, 그 실버타운에 들어가셨다고 했지.

내 친구는 5녀 1남 가운데 장녀였고 나는 시험 때면 자주 그 집에 가서 같이 공부하느라 어머님은 자주 뵈었고 아버님도 가끔 뵌 적이 있어서 얼굴을 기억하고 있었다. 대학을 졸업한 지는 40년이 되었지만 살아오면서 몇 번 더 뵌 적이 있어 단박에 그분들이란 것을 알 수 있었다. 지금은 90세도 넘으셨는데 어쩌면 열심히 사시는 모습은 그때나 지금이나 변함없으신 걸까. 그분들이 6·25전쟁 통에 고향을 떠나 남쪽으로 오셔서 얼마나 고생하며 자수성가하고 육남매를 키워 오셨는지를 친구에게 들어 알고 있는 나는 그분들에 대해 다시 한 번 놀랍고 새삼 존경심이 우러나왔다.

노래를 끝내고 강당을 떠나시는 어르신들을 배웅할 때 나는 친구 어머니께 다가갔다.

"어머니, 저 혜란이 친구 수옥이에요. 기억하시겠어요?" "응, 수옥이로구나. 그럼, 기억하고말고 반가워요." 딸의 친구인 나를 보시고는 마치 미국에 살고 있는 맏딸을 만난 듯이 반가워하셨다. 신선한 충격이란 바로 이런 것이 아닐까. 나도 이담에 저 연세가 되었을 때 저리 깨끗한 모습으로 저리 열심히 살 수 있을까. 걸핏하면 나이 탓을 하던 내 자신이 부끄럽게 느껴졌다.

마침내 우리 회원들 전원이 합창할 시간이다. 친구는 멋진 보랏빛 드레스를 입었지만 나는 검은 정장에 흰 블라우스를 받쳐 입고 같은 옷을 입은 회원들 쪽에 함께 섰다. 당시에 <남자의 자격>이란 TV프로그램에서 불러 온 나라에 유행하고 있던 <넬라 판타지아>와 <그대 있는 곳까지> 두 곡을 불렀다. 어쩔 수 없이 노래방에 따라 가서든 어떤 모임에서든 노래를 못해 입 다물고 앉아만 있던 내가 비록 합창단의 일원에 불과했을지라도 평생 처음으로 관객들 앞에서 노래를 부른다는 것이 꿈만 같았다. 부족한 점도 있고 실수한 부분도 없지 않았으나 젊은 선생님은 모두들 잘하느라 애쓰셨다며 칭찬을 아끼지 않았다.

한껏 흥분했던 마음을 진정시키며 강당을 나섰다. 우리가 세상 걱정도 나이도 다 잊고 노래를 부르는 동안 밖에는 그 해 들어 첫눈이 소리 없이 내리고 있었다. 아름다운 겨울밤, 뺨을 스치는 눈이 상쾌했다. 차가운 공기가 그 저녁의 열기를 식혀 주는 가운데 친구와 다정히 밤길을 걸었다. 들뜬 우리의 마음처럼 성탄절을 앞둔 거리에는 활기가 넘치고 여기저기서 크리스마스 캐럴이 울려 퍼지고 있었다.

(2013년 겨울)
―《한국수필》 2014년 1월호 〈신인작가 특집〉

안녕, 나의 천사들

밤 새 내린 눈 위로 오늘따라 겨울 햇살이 유난히 빛난다. 서운한 마음을 안고 유치원에 마지막 수업을 하러 간다.

작년 한 해 동안 한국국학진흥원의 이야기 할머니 교육을 수료한 후 유치원 두 곳을 배정받았다. 지난 3월 처음으로 아름다운 이야기할머니라는 명찰을 목에 걸고 설레는 마음으로 이 아이들과 만난 지 얼마 지나지 않은 것 같은데 벌써 작별을 해야 할 시간이다. 흰 눈을 뽀드득뽀드득 밟으며 유치원으로 가는 동안 아이들의 얼굴이 하나하나 떠오른다.

"이야기 할머니다~~."

시간에 맞춰 교실에 들어서기 무섭게 아이들이 소리치며 반긴다. 어린이용 작은 의자를 끌어다 놓고 앉으며 아이들을 죽 둘러본다. 깨끗이 세수한 말간 얼굴들. 눈동자들이 반짝이며 나를 주시한다. 특히 여자 아이들은 예쁜 옷을 곱게 입고 단정히 빗은 머리에 리본이나 꽃핀을 꽂고 있다. 바쁜 아침 이 아이들을 준비시켜 유치원에 보낸 아이 엄마들의 손길이 고스란히 느껴진다.

"한 주일 동안 잘 지냈어요? 어디 보자. 어머나, 어쩌면 모두 이렇게 예쁘지?"
아이들 얼굴에 웃음이 번진다.

"눈이 와서 길이 미끄러운데 어떻게들 왔어요? 넘어진 사람은 없었나요?"
이 말이 나오기 무섭게 각자 오늘 유치원에 오기까지 겪은 일들을 이야기하느라 바쁘다. 저 조그만 입술들. 하나라도 더 할머니한테 이야기하고 싶어하는 모습들이 참으로 사랑스럽다.

'아이들은 사랑을 먹고 자란다. 아이들은 칭찬을 먹고 자란다. 많이 사랑해주고 많이 칭찬해주어라.' 이것이 우리 할머니들이 교육받은 숱한 내용의 핵심이랄 수 있다. 나는 여기에 한 가지를 더 보탰다. '많이 감탄해 주어라.'
"어머나, 어떻게 알았어? 지훈이 최고다 최고!" 나는 아이들이 조그만 것에 반응할 때마다 엄지손가락을 위로 치켜세우며 감탄해주기를 주저하지 않았다. 아이들은 기가 살고 내가 하는 이야기를 더욱 열심히 들으려고 눈을 반짝인다.

내 자식을 낳아 기를 때는 사랑만 줄 수는 없다. 아이들을 양육해야할 의무가 있는 부모로서 때로는 사랑의 마음을 감추고 매를 들어야 할 때도 있다. 하지만 할머니는 다르다. 내 경우 손자들의 교육과 양육은 온전히 아이 부모한테 일임하고 나는 사랑만 쏟아부어주려 하고 있다. 그래서 내 자식보다 손자가 더욱 사랑스럽고 예쁘고 그들에게서 더 큰 기쁨을 얻는 것일 게다. 내게 맡겨진 유치원의 아이들 모두 내 손자나 다름없었다.

"오늘은 할머니가 여러분과 만나는 마지막 날이에요."
순간 아이들이 조용해진다.

"할머니는 여러분들이 많이 보고 싶을 텐데 여러분은 어때요?"
"저도요, 저도 할머니 많이 보고 싶을 거예요. 아주 많이요." 모두들 손으로 큰 원을 그리며 아우성이다. 이때 예쁘고 또랑또랑한 여자아이가 말한다.
"할머니, 저는 요 건너편 초등학교에 갈 거니까 제가 화요일

안녕, 나의 천사들

아침마다 할머니를 만나러 올게요."

예린이라는 이 아이는 자신이 유치원을 졸업하고 초등학교에 가느라 나와 헤어지는 것으로 알아들었나 보다. 나는 내가 이곳을 떠나 다른 유치원으로 가야 하는 것과 내년에는 새로운 할머니가 여기로 이야기해 주러 오리라는 것을 말해 주었다. 국학진흥원의 방침이 그렇다. 한 유치원에서의 임기는 일 년으로 끝낸다.

마지막 날 또 하나의 이야기를 들려주는 것보다는 좀 더 의미 있는 일을 하고 싶었다. 유치원에서 마련해 준 편지지를 한 장씩 나눠주고 편지를 쓰게 했다. 일곱 살 아이들은 글씨로 편지를 쓰고 아직 어린 아이들은 그림으로 자신의 마음을 표현하도록 했다. 아이들이 얼마나 열중하는지 이런 모습은 조용히 앉아 내 이야기를 듣기만 할 때에는 볼 수 없었던, 각자의 개성이 드러나는 또 다른 모습이어서 놀라웠다. 아이들이 열심히 하는 동안 나는 한 아이씩 곁에 불러 앉히고 내가 주는 편지에 이름을 써주며 껴안아 주고 쓰다듬어 주고 사랑한다고 말해 주었다.

"윤성아, 이것 할머니가 윤성이한테 주는 편지야. 집에 가서 엄마와 같이 읽어 봐라. 우리 윤성이 사랑해요." 나는 윤성이에게 편지를 건네주며 머리를 쓰다듬어 주었다. 편지를 받아들며 윤성이가 힘없이 말했다.

"저는 엄마 없어요. 아빠밖에 없어요. 엄마는 멀리 살아요."

가슴이 철렁 내려앉았다. 예상치 못한 일이었다. 그 이야기를 듣고 보니 피부도 희고 멀끔하게 잘 생긴 이 아이의 표정이 늘 어둡고 어딘가 모르게 슬픈 눈빛을 하고 있었다는 것이 생각났다. 한 반에 주어진 시간이 일주일에 한 번 20분뿐이니 내가 아이들 하나하나를 신경 써 줄 수야 없었지만 미리 알았더라면 조금 더 이 아이한테 관심을 가졌어야 했는데 하는 미안한 마음이 들었다. 나는 윤성이를 힘껏 끌어안아 주며 말했다.

"괜찮아, 윤성아. 아빠하고 읽으면 돼. 윤성이한테는 좋은 아빠가 계시잖아." 윤성이가 방긋 웃었다.

정말 헤어져야 할 시간이 왔다.

부디 내가 들려주었던 이야기 그 어느 한 토막이라도 이 아이들이 살아가는 데 도움이 된다면, 그리고 내 사랑이 이 아이들의 인성에 따뜻한 보탬이 되었다면 그보다 더 큰 기쁨은 없으리라. 귀한 생명들. 귀한 새싹들. 잘 자라서 큰 일꾼들이 되기를 바라는 마음 간절하다. 처음 이 아이들 앞에 섰을 때 다

짐했던 대로 최선을 다해 사랑해주었던가 뒤돌아보면서 기도하는 마음으로 한 사람 한 사람 끌어안아 주었다. 안녕, 내 사랑하는 작은 천사들!

(2014년 1월)

보석을 캐는 시간

　나는 어릴 때부터 손으로 조물조물 무엇인가 만드는 것을 좋아했다. 밤이 이슥하도록 뜨개질을 하는 엄마 곁에서 졸린 눈을 비비며 장갑 뜨기를 배우고 재봉틀질하는 곁에서는 남는 천을 달라고 졸라서 인형 옷을 만들었다.
　중학교에 들어가면서 가정시간에 여러 가지 수공예를 배우기 시작했다. 기본 수놓기로 아기이불을 만들었고 집안에 필요한 각종 소품들을 만들었다. 하나씩 완성할 때마다 무언가 내가 만들었다는 것에 대한 성취감과 함께 선생님이나 엄마한테 칭찬 듣는 일은 큰 즐거움 중 하나였다. 고등학생 때는 십자수에 빠졌고 대학 때는 리본플라워에 많은 시간을 투자했다.
　결혼하고 아이들을 낳아 기르면서도 기회가 되는 대로 이런저런 것들을 배웠다. 꽃꽂이를 하는가 하면 양재를 배워 옷을 만들어 입기도 했다. 하지만 어느 정도 익숙해지면 그만 흥미를 잃고 마는 끈기 없는 내 성격 탓에 배운 것은 많아도 내로라할만한 실력을 쌓은 것은 하나도 없었다.

　내 나이 40에 들어서던 해, 미국 버지니아 알링턴에서 일 년을 지냈다. 가까이에 있는 문화센터에 찾아가 배운 것이 퀼트였다. 천을 잘라 색을 맞춰 연결해서 만들어 내는 기하학적인 무늬들과 그 무늬들을 연결해서 만든 작품들의 색다른 아름다움에 반해서 나는 곧 퀼트의 재미에 빠져들었다. 한 개, 두 개 새로운 것을 만들어 낼 때마다 기쁨이 더해졌다. 퀼트는 아무리 해도 다 배웠다는 느낌이 안 들고 하면 할수록 더 깊이 끌려드는 묘한 매력이 있었다. 그때 나는 비로소 내 평생 즐겁게 할 수 있는 일을 찾아냈다는 생각을 했다. 앞으로 내 나이가 얼마가 되든 언제나 자식들이 찾아주려나 기다릴 필요가 없을 뿐 아니라 시간을 아껴가며 할 수 있는 일이 있으니 퀼트야말로 내 노후대책이 되리라는 확신이 들었다. 그러나 무엇이나 과함은 부족함만 못하다 했던가. 한국에 돌아와 욕심껏 작품을 만들고 기회가 주어져 동네 문화센터에서 가르치기까지하면서 너무 무리했던 탓일까 내 가느다란 손목에서 통증을 느끼기 시작했다. 눈에 잘 보이지도 않을 만큼 작은 바늘을 잡고 때로는 온종일, 어떤 때는 밤이 이슥하도록 바느질을 했더니 손가락이 시큰거리기 시작했다. 병원과 한의원을 다니며 치료를 받았으나 한 번 망가진 손목과 손가락은 그 후로도 걸핏하면 고장이 나서 나를 지금까지도 힘들게 하고 있다.

  노후에 즐겁게 할 일을 찾았다는 기쁨이 더 이상 지속되지 못했다. 퀼트를 위해 사 모은 천들은 장롱을 가득 메우고 있는데 눈으로 보기만 하고 작품은 만들지 못하니 한숨만 나왔다. 작은 천들을 이어 아름다운 작품을 만들 듯 퀼트로 내 여생을 아름답게 이어나가고 싶었는데 평균수명 80을 넘어선 시대에서 앞으로 무엇을 하며 살아야 할지 다시 막막해졌다. 환갑을 앞둔 나이로 손주 재미도 보았고 베란다에 꽃을 키우는 일도 즐거운 일이었으나 마음 한구석이 늘 허전했다.

  어느 날 우연한 기회에 문학이란 세계가 있음을 알게 되었다. 한 번도 경험해보지 못한 신기한 세상. 그 넓은 세상에 들어와 한사람의 문학인이 되기 위해 새로운 것을 배우며 글을 쓰게 되었다. 요즘 나는 마치 광산에서 보석을 캐내는 광부가 된 기분이다. 캐내지 않고는 무엇이 얼마만큼 들어있을지 몰라 답답하지만 타는 목마름으로 채굴의 시간을 견딘다.

  자연과학을 공부하면서 굳건히 막아버렸던 문학이라는 광산의 입구를 부수고 들어서는 일은 아주 힘든 작업이었다. 하지만 신비한 힘에 이끌려 입구를 허물자 나도 모르게 마음 속 깊은 곳에 잠재해 있던 쓰고 싶은 욕구가 솟구쳐 나오기 시작했다. 육십 년 내 삶의 깊은 곳으로 침잠해 들어가 차곡차곡

쌓였던 이야기들을 끄집어내는 일은 어두운 막장 속에서 값진 원석을 찾아내는 일에 비교할 수 있으리라. 또한 그 이야기에 문학성과 예술성을 입혀 아름다운 한 편의 글로 만들어 내는 일은 원석을 갈고 닦아 빛나는 보석으로 만들어 세상에 내놓는 일에 비할 수 있을 것 같다.

문학의 세계는 무궁무진하다. 배우면 배울수록 더 배울 것이 많다. 늦게 난 바람이 더하다더니 나는 지금 문학에 대한 갈증으로 목이 탄다. 손에 잡히는 대로 책을 읽기 시작했고 없으면 도서관으로 달려가 필요한 책을 찾아왔다. 어느 날 문득, 나와는 상관없었던 문학이 어느새 친구가 되어 나와 어깨동무하고 있음을 느꼈다.

세상 모든 것이 글의 소재가 될 수 있음은 신기한 일이다. 사람들의 말 속에 섞여 나오는 아름다운 단어들이 내 귀에 걸려든다. 전에는 별 느낌 없이 넘어가던 책 속의 문장 하나하나가 특별한 신선함으로 내 마음을 설레게 한다.

나는 이제야 문학소녀가 되어 기꺼운 마음으로 길고 긴 갱도를 지나 내 어린 날의 이야기들이 묻혀있는 막장으로 들어간다. 보석을 캐는 시간. 나이야 아무러면 어떠랴. 문학이야말로 내 생애 황혼기를 아름답게 채색해줄 나만의 노후대책이 되었으니 더 이상 무엇을 염려할까. 즐거운 노년이다. 신나는 황혼이다!

(2012년 5월 21일)

2.
엄마와 어머니

착한 남편의 실수
놀부 심보 아내
승자(勝者)의 미소
딸아, 미안하다
당신도 어느새 그런 나이가 되었구려
장성한 내 아들
내 생명보다 소중한
무엇이 명품인가
엄마와 어머니
엄마의 원피스

착한 남편의 실수

사람에게는 상식이라는 것이 있다. 너, 나 할 것 없이 그 정도는 알고 있어야 하는 것. 하지만 가끔은 상식이 부족해서 실수하고 그 실수 탓에 평생 다른 사람 마음에 상처를 주거나 그로 인해 자신도 마음고생을 해야 하는 경우가 종종 있다. 비교적 박학다식한 내 남편도 여자들에 대한 상식 부족으로 인해 아내에게 저지른 실수 때문에 다년간 내게 구박을 받은 적이 있다.

출산 예정일을 사흘이나 넘긴 날 아침 드디어 진통이 시작되었다. 그 시절 임신과 육아에서 성경과도 같았던 스포크 박사의 책을 미리 공부해 두었던 남편이 초산은 진통이 시작되고도 열 시간 이상 걸려야 출산이 된다며 내 머리맡에 전화기를 놓아주었다. 오전 강의가 11시에 끝나니 그때 와서 병원에 가도 늦지 않겠지만 혹시 진통 간격이 5분이 되면 전화하라고 하며 성실한 남편은 출근했다. 겁이 나고 눈물이 나고 야속했지만 지금과는 달리 몹시 순종적이었던 나는 무슨 일이 있어도 결강하지 않는다는 신념을 가진 남편을 가지 말라고 붙잡지 못했다.

진통이 올 때마다 엄마가 생각났다. 하지만 괜히 엄마께 걱정만 끼쳐드리지 그렇다고 내 아픔이 줄어드는 것도 아니라는 생각에 통증이 밀려오면 혼자서 배를 잡고 낑낑대기도 하고 또 책에서 읽은 대로 심호흡을 하며 견뎠다. 11시가 되어 강의를 끝낸 남편이 전화했을 때는 이미 진통 간격이 5분으로 짧아져 있었다. 택시로 달려온 남편은 서둘러 그 차에 나를 태우고 신촌의 세브란스로 갔다. 다른 산모들은 남편 외에도 친정엄마나 시어머니가 와서 대기하고 있었으나 나는 남편 외에는 아무에게도 알리지 않았다. 누군가가 나 때문에 애태우며 몇 시간이 될지도 모르는 긴 시간 고생하고 있다고 생각하면 내 마음이 편치 않을 것 같아서였다.

진통이 5분 간격이라는 이야기를 들은 간호사들은 나를 분만대기실로 들여보냈다. 그때부터의 끊임없는 고통은 말로 듣고 상상했던 것과는 비교도 할 수 없이 극심했다. 사람에게 이런 고통도 있을 수 있는 것일까. 일 초 일 초가 어쩌면 그리도 느리게 흘러가고 언제 이 고통이 끝날까. 대략 열 명의 분만대기자들이 한 방안에서 질러 대는 신음소리는 지옥을 방불케 했다. 그러나 나는 이를 악물고 소리를 지르지 않았다.

그렇게 대여섯 시간이 흐르자 담당의가 고개를 갸웃거렸다. 아기가 방향을 잘 못 잡는 것 같으니 그대로 자연분만은 어려울 것 같다며 분만실로 옮기라고 지시했다. 분만실은 살벌했다. 몸도 제대로 가누지 못하는 내게 빨리 분만대로 옮겨 누우라고 간호사가 소리를 질렀다. 죽을힘을 다해 분만대로 옮겨 눕자 두 손과 두 발을 분만대에 묶고 눈을 가렸다. 마치 사형을 당하는 기분이었다.

집게를 사용해 아기를 꺼내는 겸자 분만이었다. 의사가 기구로 아기의 머리를 잡아당기는 순간 나는 허리가 뒤로 꺾이는 듯한 고통에 더 이상 버티지 못하고 비명을 지르고야 말았다. 난산이었다. 탈진한 나에게 의사가 고생 많았다고 위로해 주는 소리는 어딘가 저 멀리 구름 속에서 들려오는 소리처럼 아득했다. 그제야 묶인 손과 발을 풀어주고 눈에 가렸던 것을 치우더니 아기를 보여 주었다. 아, 내 아기!

회복실에 나왔으나 남편은 그곳에 없었다. 다른 산모의 남편들은 고생한 아내를 위로하느라 쩔쩔매고 있었다. 나중에 물으니 너무나 배가 고파 저녁을 먹으러 갔었단다. 이것만으로도 남편의 실수는 이미 시작되고 있었다. 병실에 올라왔다. 그는 신경이 예민한 아내를 배려해 독방을 쓰게 해 주었으나 그게 또한 큰 실수였다. 여럿이 모여 있는 병실에서라면 다른 남편들이 출산의 고통을 겪어낸 아내를 어떻게 대하는지 보고 배울 수도 있었을 텐데 그 좋은 기회를 얻지 못한 것이다. 난산의 고통을 견뎌낸 내게 고생 많이 했다고 위로해 주지도 않았다.

진땀을 너무 흘려 끈적거리니 물수건으로 얼굴을 닦아 달라고 하자 그는 수건을 찬물에 적셔 닦아주며 "이제 시원하지?" 했다. 산모에게 찬물은 안 되는 거라고 거부할 힘도 없었다. 더군다나 11월의 추운 날씨였다. 그제야 깨달았다. 왜 산고가 시작되면 친정엄마가 필요한가를.

화장실에 가고 싶었으나 몸이 말을 듣지 않았다. 어지럽고 힘이 없어 일어날 수가 없었다. 하는 수 없이 그이한테 일으켜 달라고 했다. 그러자 남편은 약간의 짜증이 섞인 목소리로 우리 가정사에 길이 남을 명언(?)을 했다.

"아니, 애 낳은 것 가지고 왜 이렇게 환자같이 그래요?"

"???"

여자들은 살아가면서 다른 것은 다 잊어버려도 임신과 출산을 겪을 때 서운했던 일은 평생 못 잊는 법이라더니 정말 그랬다. 그 후로는 남편이 조금만 서운하게 해도 그때 일이 떠올라 서럽게 울며 읊어댔다.

"애기 낳은 사람, 그것도 난산이라 몸도 못 움직이는 나한테 왜 환자같이 그러느냐고 해놓고서…." 내 입에서 이 이야기만 나오면 남편은 쩔쩔매며 달래주곤 했다. 그렇게 몇 년이 지난 어느 날 내가 또 울기 시작하자 남편이 작정한 듯이 내 두 손을 힘껏 잡더니 사정했다.

자기도 그때 생각만 하면 내게 미안하고 창피해 죽겠다고. 어머니가 늘 "애 낳는 것 그렇게 힘든 일 아니다. 시골에서는 밭일하다 들어와서 애 낳고 집안일 다 한다." 그래서 그런 건 줄만 알았단다. 자기가 너무 몰라서 실수한 것이니 이제 용서해주면 안 되겠느냐, 그 말을 들을 때마다 남편 될 자격도 없는 사람이라는 소리로 들려 부끄러워 견딜 수가 없다며 애원했다.

큰아이가 여섯 살 되던 해 둘째 아이를 낳았다. 남편은 커다란 꽃병에 내가 좋아하는 꽃을 한가득 꽂아서 병실로 가지고 오는 것을 비롯해 남편이 할 수 있는 최선을 다해 보살펴 줌으로써 그간의 내 서러움을 말끔히 씻어주었다. 공부하느라 세상 물정에 너무나 어두웠던 남편의 실수를 내가 용서하지 않으면 누가 하랴. 나도 마음이 너그러운 아내로 성숙해가고 있었다.

(2011년 8월)

놀부 심보 아내

 생각할수록 그때 그 일이 후회된다. 나는 놀부 같은 아내였다.

열흘 간의 스페인 바르셀로나 여행은 우리 내외에게는 특별한 추억이다. 벌써 15년 전의 일이지만 그때 우리가 경험한 품격 높은 모든 프로그램은 우리의 기대 이상이었고 다른 단체관광과는 비교할 수 없는 기쁨과 자부심으로 지금까지도 우리를 들뜨게 하고 있다.

남편이 근무하던 대학은 예수회 대학이었고 당시 보직을 맡고 있던 남편은 그 자격으로 바르셀로나에서 열리는 예수회 대학 화학자들의 모임에 참석했다. 공식프로그램은 일주일이었고 그 기간 우리는 수백 년의 역사를 지닌 고즈넉한 수도원에 머물렀다. 아름다운 숲 속의 수도원. 긴 시간 검소한 수도사들이 생활하던 곳이라 침실엔 아무 장식도 없고 침대도 불편했지만 다시는 경험할 수 없는 값진 일이었고 마음은 한없이 맑고 깨끗해졌다. 나는 그곳의 엄숙한 분위기가 좋았고 영적으로 순결해지는 느낌이 좋았다. 아침마다 맑은 공기가 가득한 스페인식 정원을 산책하며 피어있는 꽃을 감상하는 일도 큰 즐거움이었다.

교수들이 회의하는 낮 시간에는 부인들을 위한 행사가 따로 진행되었고 저녁이면 모두 함께하는 일정이 짜여 있었다. 넓은 수도원 뜰에서 펼쳐진 스페인 최고의 민속무용 공연을 관람하기도 했고 총독관저로 바르셀로나 총독을 예방하기도 했다. 달이 뜬 지중해 연안에서의 저녁 만찬은 또 얼마나 낭만적이었는지. 촌스럽기 그지없는 내가 각 사람 앞에 여섯 개의 와인잔이 놓인 식탁을 대한 것은 그때가 처음이었다.

몬세라트 산 깎아지른 절벽 위에 세워져 세계인들의 관심을 받고 있는 몬세라트 수도원. 일반 관광객들 앞에는 나서지 않는 수도원장이 나와 우리를 반갑게 맞아주었고 우리는 그분과 악수하는 영광도 누렸다. 그때 본 수도원장은 얼마나 멋있게 생겼는지 남편 외의 다른 남자에게서는 아무 감정도 느끼지 못하던 내가 정신이 아득할 정도로 한눈에 반해 잡은 손을 놓고 싶지 않을 정도였다. 얼굴에는 더할 수 없이 자애로운 미소를 머금은 그분과 눈을 맞추며 인사를 나누었다. 반짝이는 은발에 검은 수도사 복장이 어쩌면 그렇게 잘 어울리던지, 옛날에 좋아하던 영화배우 로버트 테일러보다도 잘생기고, 숀 코널리보다도 멋진 신사였다. 오랜 시간이 흐른 요즘도 가끔 그 신부님을 생각하면 마음이 설렌다.

공식행사를 끝내고 우리 내외는 그들과 헤어져 콜럼버스 동상이 있는 해변 가까이 있는 호텔로 옮기고 우리 둘만의 여행을 시작했다.

바르셀로나와 떼어놓을 수 없는 것이 성가족성당(Sagrada Familia)을 비롯한 안토니오 가우디의 수많은 건축물이다. 가우디가 없었다면 과연 오늘날의 바르셀로나가 존재했을까 싶게 어디를 가나 가우디의 손길이 있었고 그의 혼이 살아 숨 쉬고 있었다. 구엘 공원, 까사밀라, 그리고 성가족성당 등을 실제로 내 눈으로 보면서 한 사람의 재능이 도시를 이렇게 특별한 곳으로 만들 수 있음에 놀라움을 감출 길 없었다. 특별히 성가족성당을 볼 때는 나도 그 섬세함과 웅장함, 그리고 상식을 뛰어넘는 발상에 감탄하고 있었으나 남편은 나보다도 더 많이 감동한 듯했다. 여행하면서 기념품 가게에 들르면 내가 고르는 동안 기다려주기는 해도 자신이 물건을 사는 일은 없던 그였으나 그날은 열심히 가게를 둘러보더니 예쁘게 채색되어 있는 성가족성당의 모형을 보고서는 활짝 웃으며 기쁜 표정으로 내게 사겠다는 신호를 보냈다. 다가가서 보니 생각보다 훨씬 비싼 것이었다. 나는 머리를 좌우로 흔들었다.

모든 여행을 끝내고 돌아오는 비행기에서 눈을 감고 자려는데 갑자기 내가 참 못된 아내구나 하는 생각이 들었다.

평소에 돈에도 물건에도 욕심내는 법이 없고 '내 것'을 주장하지 않는 그가 처음으로 갖고 싶다고 어린애처럼 기뻐하며 손에 들고 있는 것을 너무 비싸다며 빼앗아 제자리에 놓았으니…. 대신 그것의 십 분의 일 정도의 가격표가 붙은 작고 칠이 되어있지 않은 것을 골라 주었다. 남편은 아쉬운 표정을 지으면서도 고집부리지 않고 언제나처럼 아내의 의견을 따라 주었다. 물론 나도 검소하고 분수에 맞게 사니까 남편에게 과도한 요구를 하는 적이 거의 없지만 그래도 남편은 내가 원하는 것을 못한다고, 하지 말라고 말린 적이 없었다. 그런데 나는 무슨 놀부 같은 심보로 얼마 되지 않는 그것을 안 된다고 빼앗은 걸까. 결혼 후 오늘까지 사치나 낭비란 모르고 살아온 사람에게 나는 얼마나 모질고 못된 짓을 했단 말인가. 설령 그가 싼 것을 사겠다고 했어도 기왕이면 좀 비싸도 마음에 드는 것을 사라고 했어야 옳은 건데. 옆에서 평화로이 잠든 남편을 보니 마음의 가책은 더욱 심해졌다.

마음 같아서는 당장 달려가서 그것을 열 개라도 사다 주고 싶었으나 버스 떠난 후 손들기라고 이미 비행기는 하늘을 날고 있었다. 가슴을 치며 미련한 나 자신을 원망하고 있는 동안 남편이 한잠 자고 깨었다. 신부님 앞에서 고해성사하듯 남편에게 내 마음을 털어놓고 사과했다. 그는 물건이란 살 때의 즐거움일 뿐 집에 가져다 놓고 나면 곧 잊고 보지도 않을 테니 비싼 것인들 싼 것인들 아무 차이도 없다며 괜찮으니 미안해할 것 없다고 오히려 자책하는 나를 위로해주었다.

  그 이후로는 남편이 원하는 것이면 무엇이나 토 달지 않고 '오케이.' 하며 더 좋은 것을 골라주려고 애쓰게 되었다. 행여 그가 너무 비싸서 사지 않겠다고 하면 그에게 이렇게 말한다. "You deserve it(당신은 그런 대접 받을 만한 충분한 자격이 있어요)." 이제 다시는 놀부 같은 아내여서는 안 된다는 자각을 하게 한, 그래서 더욱 잊지 못할 그 날의 여행이었다.

(2012년 3월)

승자(勝者)의 미소

사람들은 결혼하고 처음 몇 년간 부부싸움을 많이 한다고들 말한다. 그도 그럴 것이 20년 또는 30년 넘게 다른 환경, 다른 문화, 다른 분위기 속에서 살아온 두 사람이 함께 살아가기 위해 조율해야 하는 기간이기 때문이리라. 그리고 한 10년쯤 지나면 그때부터는 서로 눈빛만 보아도 마음이 통하게 되어 더 이상 싸울 일이 없어진다고 한다.

우리 부부의 경우는 좀 달랐다. 스승과 제자가 만나 가정을 이룬 우리는 애당초 부부싸움이라는 것이 성립되지 않았다. 나이 차이도 컸고 같은 자연과학을 공부한 우리지만 둘의 성향은 많이 달랐다. 나는 부모의 보호 아래 세상 물정 모르고 가방 메고 학교에 다니는 철딱서니였다면 그는 부모님과 동생들의 뒷바라지까지 하며 혼자 독립적으로 자신을 개척해 온 굳건한 사람이었다. 그러니 싸움거리를 찾자면 수도 없이 많았겠지만 '선생님'으로 부르던 사람에게 싸우자고 달려들 수야 없지 않겠나. 불만이 있을 때 내가 기껏 할 수 있던 일은 입을 석 자나 길게 빼물고 벽을 향해 돌아앉아 있는 것뿐이었다. 그럴 때면 그는 나를 다시 돌아앉게 하고서는 등을 토닥거려주면서 이리저리 타일렀다. 선생님 앞에 앉아 야단맞는 학생처럼 나는 눈물만 뚝뚝 흘리면서 화해가 되는 그런 형국이었다.

아이를 둘이나 낳고 시간이 흐르니 나도 남편한테 싸우자고 덤벼들 능력이 생겼다. 하지만 워낙 논리 정연한 그의 말을 듣고 있자면 꼭 내가 화내는 것 자체가 잘못이라는 생각이 들어 싸울 수가 없었다. 그러면서도 뭔가 억울하다는 생각이 자꾸 들었다. 왜일까? 깊이 생각하던 어느 날 그 이유를 깨달았다. 사람의 감정이라는 것은 논리만으로는 설명할 수 없다는 것을. 논리적으로 당신의 말이 다 맞아도 나는 속이 상하고 기분이 나쁠 수 있다는 것을.

둘째 아이가 초등학교에 들어가면서 경제적인 것도 가르쳐야 할 것 같아 매주 용돈을 주기 시작했다. 계획을 세워 절약하면서 꼭 필요한 것을 사고 저축도 해보라는 뜻이었다. 아직 어린아이니 처음부터 잘할 수는 없겠지만 실수를 하면서도 배워나가겠지.

여느 가족들이나 마찬가지로 저녁 식사 때는 네 식구가 둘러앉아 즐거운 분위기 가운데 그날 학교에서 있었던 아이들의 이야기를 들어주기도 하고 걱정이 있으면 위로도 해 주고 모르는 것이 있으면 가르쳐 주기도 했다. 식사가 거의 끝날 무렵 아들 녀석이 오락실에 갔던 이야기를 했다. 지금도 그렇지만 오락실(게임방)이 우리나라에 처음 들어온 그때도 그곳에는 주로 좋지 않은 아이들이 드나드는 곳으로 인식되어 있어서 우리는 아들에게 그런 곳에 가서는 안 된다고 가르쳤었다. "오락실? 그런 곳엔 가지 말라고 했잖아." 나와 남편이 동시에 아들을 야단칠 요량이었다. 그런데 이게 웬일인가. 어느새 남편의 화살이 나를 향하고 있었다.

"애들한테 용돈을 주니까 이런 일이 생기잖소. 앞으로는 용돈 주지 말아요."

이건 또 무슨 말이람? 용돈을 제대로 못 쓴 아들을 야단치든 할 일이지 내가 비난받을 일은 아니지. 아무리 논리적으로 따진다 해도 이번엔 남편의 논리가 틀린 것이 분명해. 나는 순간적으로 자신감을 동반한 화가 치밀었다. 그래서 남편한테 퍼부었다.

"아니, 잘못은 아들이 했는데 왜 나를 나무라는 거예요? 용돈을 바로 쓰지 않았으면 바로 쓰도록 가르쳐야지 용돈 자체를 주지 말라는 게 말이 돼요? 그럼 애들이 놀이터에 나가서 놀다 다치면 다시는 놀이터에 내보내지 말아야겠네요? 학교에 가서 애들과 싸우면 학교에도 보내면 안 되겠네요?" 한 번 터진 봇물처럼 나는 참지 않고 하고 싶은 말을 다 해버렸다. 처음으로 남편한테 대들고 보니 속이 다 후련했다. 결혼한 지 실로 10년 만의 반란이었다. 난생처음 아내의 공격을 받은 남편은 무척 놀랐는지 수저를 놓고 무서운 눈으로 나를 보았다.

"그렇다고 감히 남편에게 그렇게 큰소리를 쳐도 되는 게요?"

"감히라니요, 내가 왜 당신한테 큰소리치면 안 되는데요. 내가 학점이 모자라 당신 앞에 불려 온 학생인 줄 아세요?" 그 순간 남편의 얼굴이 하얘졌다. 나는 슬그머니 겁이 났다. 거기서 몇 마디 더 대들었다가는 남편이 충격으로 졸도하고 말 것 같았다.

"치, 내가 뭐 매일 입 다물고 있으니까 바보인 줄 아나 보네." 나는 의미도 없는 한 마디를 더하고는 도망치듯 부엌으로 들어갔다. 그런데 참으로 놀라운 일이었다. 부부싸움을 하고 나면 기분이 나쁠 줄 알았는데 그렇지 않았다. 기분이 나쁘지 않은 정도가 아니라 그렇게 통쾌할 수가 없었다. 설거지하는 동안 내내 실실 웃음이 나왔다. 춤이라도 추고 싶을 만큼 가슴속 응어리가 일시에 사라진 듯 즐거웠다. '아, 사람들이 이래서 부부싸움을 하는구나. 참는 것만이 잘하는 일은 아니로구나!'

그러나 남편은 이 일로 너무 놀랐는지 그렇게 건강한 사람이 이틀이나 몸살을 앓았다. 그이의 입장에서는 내가 통쾌한

승자(勝者)의 미소

것과는 반대로 좋은 시절 다 갔구나 하는 느낌이었겠지. 승자는 여유가 있기 마련 아닌가. 다른 때는 늘 그이가 나를 위로하는 것으로 끝났지만 이번에는 내가 그를 위로했다.

"너무 속상해하지 마세요. 다른 부부들도 다 그러면서 산대요. 그렇다고 내가 자꾸 당신한테 대들겠어요? 당신은 내 평생 스승이잖아요. 앞으로는 할 말이 있으면 조용히 얘기할게요. 너그러운 마음으로 화 푸세요. 네?" 이번에는 내가 아이를 달래듯 그이의 등을 토닥여주었다. 그이가 보았을까? 그때도 내 입가에는 승자의 여유로운 미소가 떠나지 않고 있었음을.

(2011년 여름)
—《순수문학》 2011년 수필작가 동인지에 〈통쾌한 부부싸움〉으로 실림

딸아, 미안하다

정보의 부족 때문이었을까, 아니면 나 자신의 신념이 강한 탓이었을까. 딸이 초등학교에 들어갈 때부터 8년 동안 살던 강남의 아파트를 팔고 지금 살고 있는 아파트로 이사올 때 딸은 중학교 3학년이 되고 아들은 초등학교 5학년이 되던 해였다. 모든 사람이 말렸다. 다른 곳에서 살다가도 아이들 교육을 위해 강남으로 이사를 와야 할 때인데 어찌 반대의 길을 택하느냐고.

그 당시, 몇 년 전 분양 받았던 아파트에 입주할 때가 되었다. 남편의 직장이 신촌인데 내가 때늦은 공부하느라 강남에서 신촌까지 매일 통학을 해보니 보통 힘드는 일이 아니었다. 고생하는 남편을 위해 이사를 해야겠다고 생각했다. 그러나 나도 그 8학군을 떠난다는 것 때문에 잠시 망설였다. 하지만 자신만 성실하면 어느 곳에서건 잘해낼 수 있다는 신념과 아이들에 대한 믿음이 있었으므로 결국 이사를 감행했다.

 몇 달 지난 후 예기치 않던 남편의 두 번째 안식년이 결정되었다. 조금 일찍 결정되었다면 이사를 안식년 이후로 미룰 수도 있었고 따라서 아이들의 전학도 그 이후에 했다면 모든 면에서 좋았을 텐데 하는 생각이었지만 이미 엎질러진 물이었다. 그 해 말 우리는 남편을 따라 다시 미국으로 감으로써 아이들에게 몇 번씩 학교를 옮겨야 하는 불편을 주는 결과를 빚고 말았다.

 이번에도 사람들이 말렸다. 간도 크다. 어쩌자고 고등학생 자녀를 데리고 외국에 나갈 생각을 하느냐, 대학입시에 지대한 악영향을 줄 텐데 무슨 배짱이냐고 가족끼리 의논했다. 특히 딸에게 의견을 물었다. 잠시 생각하던 딸은 물론 마이너스도 있겠지만 플러스 쪽이 더 크지 않겠느냐고, 자신도 아직 청소년일 때 넓은 세상을 보고 배우고 싶다고 했다.

 대부분의 한국학생이 미국에 가면 이곳에서 보다 더 좋은 학생으로 대우받듯이 우리 아이들도 마찬가지였다. 9학년으로 들어간 딸은 한 학기 후 10학년을 건너뛰고 11학년이 되었고 우리나라에서 영어를 배워본 적이 없는 초등학교 6학년 아들은 외국인을 위한 영어 학습을 한 달 만에 끝낼 만큼 학습 진도가 빨랐다.

 그렇게 일 년을 지내고 귀국하니 사람들이 또 말했다. 이왕

갔으니 대학입시가 일 년 반밖에 남지 않은 딸을 그곳에서 대학에 들여보내고 오지 그랬냐, 다른 사람들은 일부러도 그렇게 하는데 그런 좋은 기회를 포기하는 사람이 어디 있느냐고.

아이들의 가치관이 어느 정도 정립되는 시기인 대학을 졸업할 때까지의 정규교육은 모국에서 받아야 한국 사람이라는 자신의 정체성이 제대로 확립된다는 남편과 나의 신념에 따라 아이들도 물론 함께 귀국했다.

돌아와서 보니 아직 어린 아들은 별문제가 없지만 고등학교에 들어가야 하는 딸 때문에 고민이 생겼다. 미국에서 11학년을 한 학기 했다는 것은 우리나라에서 고등학교 2학년을 한 학기 했다는 뜻이다. 그러나 교육과정이 전혀 다른 나라에서 배운 것을 이곳에서 그대로 적용하기 어려워 우리 딸 같은 경우 대부분 한 학년을 낮춰 1학년에 넣는다. 우리도 이번에는 많이 망설였다. 하지만 딸이 어쨌건 미국에서 1년을 배웠고 또 친구들도 모두 2학년이 되니 부지런히 공부해서 따라가도록 하라며 2학년으로 들어가게 했다.

두 아이 모두 학기 초에는 미국에 갔을 때보다 더 적응하기 힘들어했다. 입시를 위주로 하는 교육, 주입식 교육에서는 1년의 공백이라는 것이 무시할 수 없이 컸다. 나는 중학생 아들보다 고2 딸한테 미안했다. 말하자면 다른 아이들은 3년을 공부하고 대학시험을 치르는 것을 우리 딸은 2년만 하고 시험을 치라는 것과 같은 이치였기 때문이다. 사람들의 말처럼 내가 잘못 판단해서 딸이 하지 않아도 될 고생을 하는 것만 같았다.

어느 날, 딸이 이른 시간에 집에 있었던 것으로 보아 아마 시험 기간이었나 보다. 내가 잠시 소파에 누웠더니 딸이 곁으로 파고들어 옆에 누웠다. 모처럼 모녀 둘만 정답게 누워 이야기하게 되었다. 소파가 둘이 눕기에는 좁기도 하고 해서 나는 딸을 꼭 껴안아 주었다. 잠시 후 이상한 느낌이 들어 아이의 얼굴을 보니 딸이 소리 없이 울고 있는 것이 아닌가. 무슨 일일까. 가슴이 철렁 내려앉고 놀라서 일어나 앉았다. 함께 일어나 앉은 딸의 얼굴이 이미 눈물범벅이 되어있었다.

"왜 그러니 정원아, 학교에서 무슨 일이라도 있었니?" 한참을 머뭇거리던 딸이 말했다.

"엄마와 아빠는 왜 정민이한테만 잘하라고 하고 제게는 기대도 안 하세요? 정민이가 저보다 머리가 좋고 가능성이 있고 저는 기대할 만도 못 한 거예요?"

이게 무슨 말인가! 아들과 딸 한 명씩밖에 없는 소중한 우리 아이들. 누가 더 낫고 못 하고를 생각해 본 적도 없었다. 도대체 왜 그렇게 생각하느냐고 물었다.

"엄마도 아빠도 늘 정민이한테만 열심히 하라고 하시잖아요. 더욱이 미국에 갔다 온 후로는 정민이한테는 열심히 해서 ○○고등학교에 가라고 하시면서 저한테는 열심히 하라는 말씀도, ○○대학에 가라는 말씀도 안 하시잖아요?"

아, 부모 노릇이라는 게 이렇게 힘든 것이로구나. 나는 찬찬히 딸에게 알아듣게 설명했다.

"정원아, 너는 말 안 해도 언제나 알아서 잘하지만 정민이는 그렇지 못 하니까 늘 그 애한테만 잔소리하게 되는 것이지. 그리고 지금 네가 1학년을 건너뛰고 2학년을 하려니 너 스스로 얼마나 스트레스가 심할 텐데 어떻게 너한테 더 열심히 하라는 소리를 할 수 있겠니. 네가 공부 때문에 고생하는 게 다 나 때문인 것 같아 미안해서 아무 말도 못 하고 네 눈치만 보고 있었는데 그렇게 오해했구나."

나는 딸의 눈물을 닦아주고 껴안아주면서 등을 쓸어 주었다.

"많이 힘들지? 미안하다."

딸은 그제야 이해가 되었는지 고개를 끄덕였다.

부모 역할이라는 것. 잘하라고 격려해주면 잔소리한다고 싫어하고 스트레스 받을까 염려되어 조용히 있었더니 무관심하다고 불평한다. 어찌해야 자녀들이 불만을 갖지 않는 좋은 부모가 될 수 있을까. 아이들이 모두 어른이 되어 독립해 나간 지금도 때때로 풀리지 않는 문제처럼 나를 힘들게 한다.

(2011년 8월)

당신도 어느새 그런 나이가 되었구려

딸아이가 자라서 대학생이 되었을 때 나는 내가 다시 대학생이 된 듯 기뻤다. 그때 내 나이 마흔이 넘었었는데도 내가 대학생이었을 때의 일이 엊그제 일인 양 새로웠다. 이제 내가 그 옛날부터 머릿속에 그려왔듯이 딸의 손을 잡고 명동거리도 함께 걸을 수 있고, 학교 근처로 연극도 보러 다닐 수 있고, 그 딸이 나와 더불어 삶의 깊이 있는 이야기도 나눌 수 있는 친구가 되었다는 생각에 몹시 흥분해 있었다.

그동안은 양육하고 돌보는 엄마와 그 엄마에 의해 양육 받고 돌봄을 받는 어린 딸이었으나 앞으로는 인생의 동반자로서 어깨동무하고 함께 긴 세월을 서로 의논해가면서 친구로 지낼 수 있다고 생각하니 참 뿌듯했다.

그래서 아침에 딸이 등교할 때면 그냥 하는 인사가 아니라 진심에서 "잘 다녀와라, 일찍 와라." 하고 꼭 일찍 오라는 말을 했고 그때마다 딸은 고분고분 "네, 다녀오겠습니다." 하고 집을 나섰다. 딸이 귀가해서 그날 학교에서 있었던 이야기를 조잘조잘 들려주면 나도 내가 겪었던 대학생 때의 일을 얘기해주면서 함께 저녁 식탁을 차리는 상상을 하며 온종일 희망에 찬 마음으로 딸의 귀가를 기다렸다. 그러나….

딸은 번번이 "엄마 오늘 늦을 거예요."라고 전화를 하고 만다. 학기 초니까 좀 바빠서 그러겠지 하고 이해해 주었다. 그러나 그런 일이 계속되고 보니 나는 나대로 실망하게 되었고 딸도 나에게 속박을 당한다고 생각하는지 불평하기 시작했다.

"엄마, 그 '일찍 오라.'는 말씀 좀 안 하시면 안돼요? 엄마, 나 엄마 덕분에 대학에 들어가기 전까지 이대 앞에 한 번도 못 가봤어요. 고등학생 때 친구들과 이대 앞에 가서 유행하는 옷 한번 사 입어 본 적이 없는 아이는 우리 과에 저 하나 뿐이더라고요. 제가 미국에 갔을 때보다 대학에 입학해서 더 큰 문화적 충격을 받은 거 엄마는 아세요? 중학교 3학년 때 친구들과 극장에 갈 때도 엄마가 따라오셨었죠? 엄마, 나도 이제 대학생이 되었으니 내 인생에서 좀 물러서 주시면 안 되겠어요?"

나는 할 말을 잃었다. 이 험한 세상에서 딸아이는 그렇게 잘 보호하면서 키우는 것이 옳은 일인 줄 알고 내 나름대로 열심히 엄마 노릇을 했는데. 그리고 이제부터는 누구보다도 좋은 친구가 되는 것이라고 생각했었는데. 그런데, 그런데… 제 인생에서 좀 비켜달라니!

딸아이가 중3이 되던 해 우리는 지금 사는 곳으로 이사 왔다. 와서 보니 전에 살던 곳과는 비교도 안 되게 열악한 교육환경이었고 아파트 주변은 아직 정비가 다 안 되어 생활환경도 그리 좋은 편이 아니었다. 그런데 딸이 친구들과 함께 Y지역에 있는 한 극장에 가겠다고 했다. 그 당시에는 걸핏하면 인신매매에 관한 기사가 나던 그곳에 열다섯 살 여자아이가 가겠다는데 곧 무슨 일을 당할 것만 같이 불안해서 그냥 보낼 수가 없었다. 그래도 나는 꽉 막힌 답답한 엄마가 아니라는 자부심을 가지고 막무가내로 못 가게 하지 않았을 뿐만 아니라 함께 간 딸 친구들의 영화 값도 다 내주고 점심도 사 먹이면서 데리고 갔던 것인데. 그리고 이대 앞에는 내가 못 가게 했나? 순진하고 착한 저 자신이 그런 곳에 대해 몰라서 안 갔으면서….

그렇게 기다림과 실망이 교차하던 어느날. 그 날도 딸은 저녁 먹을 시간이 되어도 들어오지 않고, 아들이야 고등학생이니 야간 자율학습 때문에 귀가하지 않았고, 제시간에 들어온 남편과 둘이 쓸쓸히 저녁 식탁에 마주 앉아 밥을 먹기 시작했다. 베란다 창밖으로는 어스름 초여름 밤이 내리고 있었다. 왈칵 눈물이 솟았다. 딸에게 섭섭한 마음이 가슴을 밀고 목까지 차올랐다.

"당신 왜 그래요? 낮에 무슨 일이라도 있었소?" 남편은 놀래서 수저를 놓고 나를 보았다.

나는 식탁에 엎드려 소리 없이 울다가 식사도 못 하고 기다리는 남편에게 울먹이며 그간의 일과 나의 마음을 털어놓았다. 이야기하다 보니 그만 내 설움에 복받쳐 소리 내어 울고 말았다.

나는 남편의 식사를 망치게 한 것 같아 미안한 마음이 들었다. 남편은 요즈음 대학생들의 생활패턴이 우리 때와 많이 달라졌으니 당신이 이해해주라면서 이런저런 말로 나를 위로해주었다.

마음을 가라앉히고 다시 밥을 먹으려는데 그이가 식탁 위로 손을 내밀어 다정히 내 손을 잡으며 웃었다.

"당신도 어느새 자녀들에게 소외당하고 우는 나이가 되었구려. 당신이 대학생이던 게 엊그제 같은데 훗훗."

그때 남편은 아마도 처음 만났던 날의 내 모습— 긴 생머리를 하고 교실 맨 앞자리에 앉아 자신의 강의를 듣던 여대생—을 떠올리며 웃었으리라.

"자식이란 그런 거요. 언제나 부모는 자식을 짝사랑하는 것 아니겠소? 우리가 생각하는 것만큼 자녀들은 부모 생각을 하지 못하는 법이라오. 내가 늘 당신 곁에 있을 테니 외로워하지 말아요."

그 뒤로도 많은 시행착오를 겪으면서 딸도 나도 어른이 되어갔다. 이제는 두 아들을 키우고 있는 의젓한 엄마가 된 딸은 정말로 내 인생의 둘도 없는 친구가 되었고 살아가는 길목마다 우리는 서로 버팀목이 되어주고 있다. 사랑하는 딸 정원이를 내게 허락하신 하나님께 감사하면서 이제는 누구보다 좋은 인생의 선후배로서 이야기가 통하는 동지 같은 마음에 딸의 존재가 든든하다.

(2011년 봄)

장성한 내 아들

아들이 대학을 졸업하던 2001년, 미국의 일리노이 대학으로 유학을 떠날 때 그의 나이는 스물 셋이었다. 뒤이어 남편도 세 번째 안식년을 보내기 위해 같은 대학으로 연구차 갔다. 그 대학은 남편의 모교이기도 하다. 그곳에서 1년을 지내면서 우리는 아들의 힘든 유학생활을 지켜보며 또 도와주며 의미 있게 지내다 돌아왔다.

그 녀석을 유학 보내고 나서야 나는 남자 나이 스물셋이 아직도 어린 나이라는 것을 깨달았다. 이곳에서 대학을 다닐 때에는 그렇게 어른인 양,

"엄마, 내가 어린앤가요? 엄마는 이제 제 걱정은 하지 마세요." 하며 엄마에게 설교도 마다않던 녀석이 아직도 부모의 도움이 필요하고 외로움 때문에 울고 엄마의 위로가 필요한 나이라는 것을 나는 그때 비로소 깨달았다. 그 뒤로도 몇 번인가

겨울방학이면 남편과 함께 그곳에 가서 크리스마스와 새해 아침을 맞으며 아들과 함께하는 시간들을 감사하며 즐겁게 지내다 오곤 했다.

아들은 학교에서 어려운 일이 있을 때, 특히 연구가 생각처럼 잘 풀리지 않을 때면 조금 일찍 집으로 와서 나를 차에 태우고는 멀리 들판으로 나갔다. 아마 머리를 식히고 싶었던 모양이었겠지. 일리노이는 미국 중서부에 위치해있어서 며칠을 차로 달려도 조그만 산봉우리 하나 나타나지 않는 대 평원이다. 콩과 옥수수 밭이 끝도 없이 이어진 곳, 겨울이 되니 추수도 다 끝난 후라 아무것도 없는 황량한 벌판에 겨울바람만 스치고 있었다. 벌판에 석양이 내려 더욱 고즈넉한 분위기가 감도는 평원을 아들은 아무 말도 없이 달렸다. 작은 마을이 나타나고 다시 평원이 나타나고 하기를 반복하면서 한참을 달리다 어느 외진 곳에 차를 세우더니 내 손을 잡았다.

"엄마, 죄송해요. 아들 보러 오셨는데 함께 놀아드리지도 못하네요."

나는 괜찮다고 하며 행여 연구가 너무 힘들지는 않은지 물어보았다.

"아뇨, 잘 되고 있어요. 엄마는 아무 염려 마시고 이곳에 오신 김에 아빠랑 여행도 하시고 즐겁게 지내세요."

뉘엿뉘엿 지는 붉은 저녁 햇살이 자동차 안으로 따사로이 스며들어 우리 모자를 감싸주었다. 한참을 그렇게 말없이 앉아 있는 동안 아들은 엄마 곁에 있다는 편안한 마음에 감사했고, 나는 힘든 아들 곁에 있어줄 수 있다는 것에 감사했다. 해가 서쪽 지평선으로 자취를 감출 때쯤 차를 돌려 어둑어둑해진 길을 따라 집으로 돌아오곤 했다.

　겨울 밤, 초저녁잠이 많은 남편은 어느새 잠들고 나는 연구실에서 늦게까지 공부하다 돌아오는 아이에게, 지치고 배고플 아들에게 줄 밤참을 만들며 기다리고 있었다. 아들이 계단을 올라오는 소리가 들리더니 문을 열고 들어서며 "엄마…." 나를 부른다. 녀석은 그 옛날 어린 시절부터 학교에서 돌아올 때면 복도 끝 엘리베이터를 내리면서부터 반가운 목소리로 엄마를 부르며 집으로 뛰어 들어오곤 했었다. 마치 "엄마가 집에 있어서 참 행복해요."라는 듯이.

　저를 보러온 부모를 두고 늦은 밤까지 온종일 연구실에서만 지낸 것이 미안한 듯 아들은 가끔 내게 한 밤중의 데이트를 신청했다.

　그날 밤에도 우리는 둘이서 밤길을 나섰다. 아들이 운전하는 차를 타는 것이 가장 큰 행복 중에 하나라고 누가 말했던 것처럼 나도 그랬다. 24시간 영업하는 어느 마트에서 필요한 물건을 카트에 싣고 계산대로 가서 아들이 앞에 서고 내가 그 뒤에 섰다. 늦은 밤이라 사람들은 별로 없었지만 웬 술 취한 흑인 남자들의 소리가 뒤에서 들려왔다. 조금 두려웠지만 언제나 그랬듯이 내가 그들이 내 아들에게 접근 못하도록 가로막고 있어서 다행이라고 생각하고 있었다.

그때였다. 어수선한 소리에 뒤를 돌아본 아들이 내 어깨를 양손으로 감싸면서 나를 제 앞에 세우고 자기가 엄마와 술 취한 흑인들 사이에 떡 버티고 서는 것이 아닌가. 평소에도 이 아이는 체격 좋은 백인들 틈에 세워 놓아도 하나도 기죽지 않을만한 키와 체격에 피부까지 멀끔해서 흑인들도 이 아이를 함부로 대하지 못한다.

그 순간 내 머릿속을 스쳐가는 수많은 생각들.

아, 늘 어린애라고 여기고 엄마인 내가 보호해야 한다고 생각했던 내 아들이 어느덧 장성해서 이 엄마를 자신이 보호해야한다고 생각할 만큼 어른이 되었구나. 믿음직하고 대견하고 자랑스러웠다. 타국에서 혼자 힘든 공부해내느라 고생하면서 아파도 견디고 외로워도 견디고 힘들어도 오직 신앙에 의지하고 참아 내면서 여기까지 왔구나. 참 감사한 마음이 들었다.

그러면서 그 짧은 순간에 뒤를 잇는 생각들.

그런데 이제 보내야 하는구나. 내 젊음을, 내 인생을 다 바쳐서 여기까지 키워 이제는 엄마의 보호자임을 자처할 만큼 의젓해진 내 아들을 누군가에게 보내야하는구나. 내 몸속에 열 달을 품었다가 출산의 고통도 기쁨으로 감당하고 낳아 키운 내 아들. 커가는 굽이굽이 부모에게 기쁨을 주던, 이 세상에 단 하나뿐인 내 아들. 그 아들을 내가 아닌 다른 누군가를 평생 사랑하고 아껴주고 보호해주라고 보내야 하는구나! 어떻게 표현할 길 없는 나 스스로에 대한 안쓰러움과 아들에 대한 애틋함으로 마음속 깊은 곳에 잔잔히 눈물이 고이는 듯 했다. 운전대를 잡은 아들의 옆자리에 앉아 집으로 돌아오면서 창밖을 내다보니 고요한 밤하늘에 달은 어느새 저만치 기울고 별빛 몇 개가 빛나고 있었다. 그 별들을 보며 스스로를 달랬다. 엄마란 그런 것이지. 그 아들이 있어서 기쁘고 행복하면 그것으로 만족해야 하는 것이지. 미련 없이 기쁜 마음으로 보내자. 그것이 인생이고 그것이 순리인 것을….

(2008년 겨울)

내 생명보다 소중한

 사람이 친구를 위하여 자기 목숨을 버리면 이에서 더 큰 사랑이 없나니…(요한복음 15장 13절)

 기독교에서 가르치는 사랑에 관한 구절 중 하나다. 나는 어릴 때부터 성경 말씀을 배웠지만 사람됨이 부족하여 아직 친구를 위해 선뜻 목숨을 내어놓을 만큼 너그럽지 못하다. 그러나 나름대로는 어릴 때부터 내 목숨을 내어놓아도 아깝지 않은 사람들이 늘 있었다.
 6·25전쟁이 일어난 해에 태어난 우리 또래들은 초등학교에 들어가면서부터 귀가 아프게 들었던 이야기가 공산군에 관한 이야기였다. 아니, 그보다도 더 어릴 때부터 엄마한테 전쟁을 겪으며 고생했던 이야기를 듣고 자랐으니 내 머릿속에 가장 무서운 것은 공산군, 공산당이었다. 공산군이 마을의 어른들을

죽어서 고아가 된 아이들의 비참함도 자주 듣는 이야기였다. 아이들에게 부모 없이 산다는 것은 참으로 무서운 일이다. 어린 나이였지만 생각만 해도 슬프고 눈물이 났다. 그때부터 나는 내가 엄마를 대신해서 죽어야겠다고 생각했다. 만약 공산당이 쳐들어와서 식구들을 다 모아놓고 엄마를 죽이겠다고 하면(?) 아무리 생각해도 엄마를 죽이도록 내버려둘 수는 없을 것이라는 생각이 들었다. 나는 과감하게 "나를 대신 죽이고 엄마는 살려주세요!" 외치며 앞으로 나설 것이다.

나이가 들어 사랑하는 사람과 결혼했다. 어느 날 생각해보니 내 목숨을 내어놓을 수 있는 사람이 나도 모르게 엄마가 아닌 남편으로 바뀌어 있음을 깨달았다. 이 사람이라면 내 목숨 백 번을 내어 놓으라 해도 주저 없이 내어 놓을 수 있을 것 같았다. 그리고 나뿐만 아니라 세상의 모든 아내는 다 나와 같은 생각이리라 여겼다. 그러나 그것은 내 착각에 불과한 것이었다. 대학 동창 야유회에 가는 버스 안에서 이런 이야기가 화제에 올랐다. 나는 평소의 생각을 이야기했다. 그랬더니 주변의 아이들이 화들짝 놀라면서 반론을 제기했다. 자신들은 그렇지 않다면서 이것저것 따져보면 논리적으로 타당한 일이 아니라고 했다. 사랑하는 사람을 위해 목숨을 내어놓는데 논리적인 타당성을 따져야 한다면 그 사랑은 이미 절대적인 사랑은 아니라고 생각하는 내가 어리석은 것일까, 친구들은 내 어리석음에 놀랐고 나는 아내된 자로서 나와 다른 생각을 하는 사람이 많다는 사실에 놀랐다.

자녀를 낳아 키우는 부모라면 자식을 대신해 죽을 수 있다는 것에 이의를 제기할 사람은 아무도 없을 터. 그러니 자식을 위해 목숨을 내어놓는 일에 관해서는 이야기할 필요가 없으리라.

딸과 아들을 모두 독립시키고 나니 내 인생의 숙제를 다 끝낸 듯 홀가분했다. 아무 걱정할 일도 없고 이제부터는 내 남은 생을 하고 싶은 것 하면서 즐겁게 살기만 하면 되리라 여겼다. 자식들은 자신의 배우자들과 힘을 합쳐 그들 나름대로 살아가면 되는 것이니까. 실제로 호젓한 신혼 시절로 돌아간 듯 둘이서만 살아가는 일이 새로웠고 이제는 그간 미뤄 놓았던 봉사도 해야겠다는 생각을 하기도 했다.

어느 날 딸한테서 전화가 왔다. 엄마가 걱정할 것 같아 많이 망설였지만 어차피 알게 될 테고 또 기도를 부탁해야 할 것 같아 말씀드리는 것이라 했다. 가슴이 철렁 내려앉았다. 숨죽인 채 다음 말을 기다렸다.

"오늘 현우(첫 외손자)가 감기증세가 있어서 소아과에 갔었어요. 그 병원 의사가 마침 소아 심장 전공하신 분이래요. 우리 현우의 심장에서 이상한 소리가 들린대요. 큰 병원에 가서 정밀검사를 받아보래요. 별일은 아니겠지만 그래도 기도해 주세요. 너무 걱정하지는 마시고요."

"애가 아무 이상 없이 활기차게 놀고 잘 크고 있으니 괜찮을 것이다. 마음을 굳게 갖고 함께 기도하자." 위로해주고 전화를 끊었다. 즉시 무릎을 꿇고 기도하기 시작했다. 눈물이 비 오듯 쏟아졌다. 그 어린 것의 심장에 문제가 있다면 보통 심각한 일이 아닐 것 같았다. 아이의 모습이 눈에 아른거렸다. 안 그래도 몇 달 전 아우를 보아 힘들어하는 녀석인데. 언제나 호수처럼 맑고 큰 눈에 천진난만한 웃음으로 우리를 기쁘게 해주는 그 녀석의 얼굴과 심장 수술이라는 끔찍한 장면이 번갈아 떠올랐다. 지금 딸의 심정이 어떨까를 생각하니 견딜 수 없이 마음이 아팠다. 나는 그때 깨달았다. 손자를 위해서 내 생명을 내어놓는 일도 어려운 일이 아니라는 것을. 자식들이 엄마인 내게 귀한 것 이상으로 손자들도 할머니인 내게 더 할 나위 없이 귀한 존재라는 것을. 더군다나 나는 인생살이에 초연해질 만한 나이이고 앞으로 몇십 년을 더 살는지 모르지만 이제 막 새싹처럼 자라나는 손자를 위해 내 목숨 내어놓는 일은 하나도 어려울 것이 없겠다는 생각이 들었다.

아이의 병명은 '심방중격결손'이라고 했다. 정상적인 아이에게는 없는 구멍 하나가 심방에 있다고 했다. 평생 모르고 살 수도 있지만 문제를 일으키면 생명을 위협할 수도 있으니 구멍을 메워주는 것이 좋겠다고 했단다. 믿음이 강한 딸은 의연히 받아들였고 아이가 말귀를 알아듣는 나이가 될 때를 기다렸다가 지난여름 시술을 받게 했다. 다행히도 가슴을 여는 수술이 아니라 혈관을 통해 막을 쏘아 보내서 구멍을 메우는 정교하기 이를 데 없는 시술이었다. 처음으로 그 소식을 접한 때부터 시술하는 날까지 3년간 나는 아이의 사진을 가슴에 품고 다니며 기도했다. 필요하다면 내 생명까지라도 드릴 테니 아이를 깨끗하게 고쳐달라고. 이제 수술 후 조심하며 약을 먹는 기간도 끝나가고 있다. 이 감사한 마음을 어찌 말로 표현할 수 있을까.

사람들이 가끔 묻는다. 손자가 예쁘냐, 손녀가 예쁘냐, 또는 친손이 귀하냐 외손이 귀하냐. 그래서 한참을 생각해 본 적이 있다. 아무리 생각해도 두 명의 외손자와 한 명의 친손녀 중에 뒤에 세울 놈이 없다. 이 녀석들을 위해서라면 아까울 것이 하나도 없다. 나는 내 생명도 아낌없이 내어줄 수 있는 손자가 셋이나 있는 할머니임이 자랑스럽고 행복할 뿐이다.

(2011년 12월)
―《한국수필》 2013년 동인지 《꽃을 따라온 별》

무엇이 명품인가

최근 몇 년간 명품이라는 말이 모든 사람의 입에 회자(膾炙)되고 있다. 일례로 해외 명품 핸드백은 불황이나 경제위기와는 상관없이 불티나게 팔리고 있다. 백화점들은 앞다투어 명품관을 꾸미고 이를 찾는 소비자들로 넘쳐나고 있다.

이런 이야기를 들을 때마다 궁금해지는 것이 있다. 직장생활을 하는 젊은 여성들의 봉급이 어느 정도나 되기에 수백만 원씩 하는 핸드백을 그리 어렵지 않게 소유할 수 있는 것일까. 또한 부모한테서 용돈을 받아 쓰는 여대생들은 얼마나 돈 많은 부모를 두었으면 스스럼없이 그 비싼 가방을 살 수 있는 것일까.

사실 나는 명품에 관해서는 브랜드도 아는 것이 거의 없을 만큼 문외한이다. 지하철을 타려고 에스컬레이터를 오르내리며 보면 한 사람 걸러 그 흔한 L로 시작하는 백을 죽 들고 서 있다. 하도 흔하다 보니 나 같은 사람도 이름을 알고 있는 것일

게다. 명품이라면 적어도 희소가치를 지닐 만큼 귀해야 하는 것 아닐까. 그리 멋지지도 않고, 귀하지도 않고, 짝퉁(모조품)이라는 것과 구별할 수도 없는데 무엇 때문에 그렇게 큰돈을 내고 그런 가방을 들어야 한다고 생각하는지 아무리 생각해도 모르겠다.

캄보디아나 아프리카의 가난한 많은 나라에는 한 달에 3만 원이 없어 굶는 아이들이 수도 없이 많다고 하던데 수백만 원짜리 가방을 들고 다니는 것이 귀한 생명들을 다년간 먹여 살리고 교육시키는 것보다 의미 있는 일일까? 나는 사람이 분수를 지키며 사는 것을 아주 중요한 덕목으로 생각한다. 나나 남편이나 6·25전쟁을 거친 후 가난한 시절에 교육받은 사람이라서 무엇이든지 절약하고 검소하게 사는 것이 몸에 밴 사람들이다. 더군다나 일본의 식민지 시절을 사신 부모님 밑에서 컸으니 사치와 낭비라는 단어는 우리 생활과는 거리가 멀다. 그리고 그렇게 사는데 아무런 불편이 없다.

아이들을 키우면서도 아주 특별한 일이 아니면 동네 시장에서 옷도 사다 입히고 신발도 사서 신게 했다. 하루는 중학교에 다니는 아들이 다른 아이들은 유명 메이커나 외국브랜드의 옷을 입고 신발도 좋은 것을 신는데 왜 엄마는 그런 것을 안 사 주느냐고 물었다. 다른 엄마들은 그런 것이 중요하다고 생각해서 그럴 테지만 엄마 생각은 다르다. 옷은 깨끗하고 단정하면 되는 것이고 신발은 신고 다니기에 편하면 되는 것이지 브랜드가 중요한 것은 아니다. 오히려 이름값 때문에 실제적인 품질에 비해 값만 비싼 것인데 그런 것을 사서 쓸 필요가 있겠느냐. 그것도 외국 상표의 제품을 살 때에는 상표 사용료를 외국에 지불하는 것이니 나라를 위해서도 별로 바람직하지 않다고 생각하기 때문이라고 설명해주었다. 아들은 더 이상 다른 아이들의 좋은 옷을 부러워하지 않고 의젓하게 생활해나갔다.

아이가 고등학교에 들어갔다. 어느 날 자기 반에 운동화 대리점을 하는 아버지를 둔 친구가 있는데 같은 반 아이들한테는 싸게 판다고 자기도 그 운동화가 신고 싶다고 했다. 상표가 국산이어서 하나 사라고 했다. 친구에게 신발을 받아온 날 아들은 신발을 침대 옆에 놓고 좋아하며 몇 번이나 만져보고 신어보고 나서야 잠자리에 들었다. 내 아들이지만 참 착하다는 생각을 했다.

솔직히 말하면 나도 명품 가방이 하나 있기는 하다. L로 시작하는 상표의 가방으로 이태원 등지에서 산 모조품이 아닌 시내 백화점 명품관에서 산 진품이다.

유수한 대학을 나와 내로라하는 직장에 다니던 사위가 오랜 방황 끝에 신학을 하겠다고 했을 때 나는 예상치 못한 일이 아니었으므로 담담할 수 있었다. 앞으로 우리 딸이 사모(목회자의 아내)로서 겪어가야 할 일들이 염려되지 않는 것은 아니었지만 사위의 결심을 말릴 수는 없는 일인 것 같았다. 모든 것을 정리하고 신학대학이 있는 대전으로 이사 간 후 딸은 둘째를 임신했다. 그리고 배가 남산만하게 부른 어느 날 모처럼 시내 구경이 하고 싶다며 큰손자를 잠시 봐달라고 부탁하고 나갔다. 귀가한 딸의 손에는 큼지막한 종이 가방이 들려있었다. 갈색 바탕에 금빛으로 L… 이라고 쓰인 글자가 번쩍이는 쇼핑백 속에는 그 유명한 명품가방이 들어있었다.

"엄마, 앞으로 엄마께 해드리고 싶은 것이 있어도 못 해드릴 거예요. 제 형편이 풍족지 못할 테니까요. 그 생각을 하면 마음이 아파요. 제가 때맞춰 딸 노릇을 못 해드려도 엄마는 이해해주실 거라고 믿어요. 아직은 제게 여윳돈이 좀 있어서요. 엄마께 좋은 것을 꼭 하나 해드리고 싶었어요. 둘째를 출산하면 한동안 꼼짝 못 할 것 같아서 오늘 시간을 냈어요. 엄마, 엄마는 이런 것 스스로는 절대로 안 사신다는 것 알아요. 그래서 제가 샀어요. 엄마도 다른 사람들처럼 한 번 써보세요."

딸이 부유하게 살면서 그것을 사왔다면 나는 야단치고 절대로 받지 않았을 것이다. 그것은 내 분수에 맞지 않으므로. 하지만 딸의 마음을 헤아리니 거절할 수가 없었다. 가슴속으로는 주체할 수 없는 눈물이 흘러내렸지만 앞날의 일을 씩씩하게 받아들이는 딸이 대견했다. 한 번도 생각해 본 적 없던 사모의 길을 가기로 하기까지 그애가 겪었을 갈등이 적지 않았을 텐데 결국에는 남편 뜻에 순종하기로 하고, 그리고 나서는 절대 불평하지 않는 덕스러운 내 딸의 고운 모습이 고마웠다.

나는 그 가방을 소중히 보관해두었다가 딸네 집에 갈 때만 꺼내서 사용한다. 평소에는 내게는 어울리지도 않는 고가의 가방을 들고 싶지 않고, 반면 딸에 대한 예의로 그냥 처박아두어도 안 될 것 같아서다. 그 가방을 들 때마다 생각한다. 과연 무엇이 명품인가. 세상에서 말하는 어떤 명품보다도 내 딸의 마음과 내 눈물이 담긴 이 가방이야말로 명품 중의 명품이 아닐까. 값이 비싼 명품은 세상에 싸구려처럼 많지만, 그리고 얼마든지 모조품을 만들어낼 수 있지만 내 가방— 아무도 모조품을 만들 수 없는 이 가방이야말로 명품이 아닐까.

꽃들이 흐드러지게 핀 아름다운 봄. 손자 녀석들에게 줄 선물을 넣은 명품가방을 들고 지금 나는 사랑하는 딸네 집에 간다. 명품 같은 내 딸과 사위, 그리고 손자들을 만나기 위해.

(2012년 5월)
—《좋은 수필》 2014년 6월호

엄마와 어머니

나는 친정엄마가 여든셋에 하늘나라로 가실 때까지 엄마를 한 번도 어머니라고 부른 적이 없다. 또한 우리 아이들이 말을 배우기 시작할 때부터 나를 부르는 호칭을 엄마로 가르쳤다.

첫 애(딸)가 초등학교에 입학한 후 어느 날 학교에서 돌아오더니 "어머니!" 하고 불렀다. 깜짝 놀라 묻는 내게 아이는 학교에서 선생님이 하신 말씀을 들려주었다. 이제는 어린아이가 아니라 학교에 다니는 나이가 되었으니 엄마라고 불러왔던 아이들은 앞으로 어머니라고 부르라고 하셨단다. 내가 그 나이였을 때 우리 선생님도 꼭 같은 말씀을 하시더니 30년이 지나도 선생님들은 한결같음에 입가에 미소가 떠올랐다. 나는 딸아이를 앉혀놓고 간곡하게 부탁했다. 절대로 어머니라고 부르지 말고 꼭, 언제나, 어른이 되어도 엄마라고 부르라고 엄마는 사랑하는 자녀들에게 평생 엄마라고 불리기를 원한다고.

　어릴 때의 경험 때문에 내게는 엄마와 어머니가 전혀 다른 의미가 되어 머릿속에 자리 잡고 있다. 그것은 아마도 태어나서 지니게 된 가장 어릴 때의 기억 중 하나라고 생각된다. 의아해하는 딸에게 어릴 적 경험했던 이야기를 들려주었다.

　부분부분 희미하게 기억나는 어린 시절 이야기. 명절이나 제사 등 집안에 큰일이 있을 때면 우리는 올망졸망 부모님을 따라 큰댁에 가곤 했다. 그곳에 가는 날이 가까워져 오면 우리 남매들은 손꼽아 그 날을 기다렸다. 딸 부잣집 큰댁에는 마음씨 좋고 달덩이처럼 예쁜 언니들이 많이 있었고 모처럼 우리가 가면 여러 가지 재미있는 놀이를 하면서 함께 놀아주었다. 어디 그뿐이랴. 큰댁에는 평소에는 잘 먹어보기 힘든 맛있는 음식들이 늘 풍성했다. 그도 그럴 것이 우리가 가는 날은 대부분 집안 대소사가 있는 날이었으니까. 북적북적 친척 어른들도 많았고 오랜만에 보는 어린 것들이 귀엽다고 할머니들은 치마를 들치고 고쟁이에서 꼬깃꼬깃 접힌 돈을 꺼내 주시며 학용품 사서 쓰라고 하셨다. 용돈이라는 것이 따로 없던 그 시절 언니 오빠들은 그래서 더욱 즐거운 날이었으리라.

　우물가에서는 첨벙첨벙 연신 두레박 소리가 났고 부엌에서는 고소한 음식 냄새가 끊임없이 새어 나왔다. 마당에 놓인 평상 위에는 빈대떡이나 여러 가지 전들이 채반 가득히 담겨 있던 정경이 아직도 눈에 선하다. 제사가 끝나야지만 먹을 수 있는 것이니 손대지 말라고 하셨지만 우리는 어른들의 눈을 피해 날름 집어 먹고 딴청을 부리기도 했다. 대청마루에서는 할아버지들이 장기를 두셨고 큰아버지와 아버지는 병풍을 꺼내 먼지도 털고 교자상도 자리 잡아 주었다. 밤을 까는 일도 두 분의 일이었던 것 같다.

그 시절의 여러 가지 추억들도 많이 있겠으나 너무 어렸을 때 일이라 희미한 조각들로만 남아 있을 뿐이지만, 그 가운데 지금까지도 생생하게 기억나는 한 가지 일이 있다. 그토록 기억이 뚜렷한 것을 보면 그 사건이 어린 내게는 무척이나 충격적이었나 보다.

여섯 남매를 혼잣손에 키우던 우리 엄마는 외출할 때 말고는 언제나 몸뻬 차림에 종종걸음을 치며 자녀들을 돌보고 집안일을 하셨다. 누구네 집이나 엄마들은 다 그런 줄 알고 있었다. 그런데 그날 나는 큰댁에서 정말 이상한 일을 보았다. 나보다 두 살 위인 사촌 언니와 놀고 있는데 안방에서 누군가 "영옥아~." 하고 언니를 불렀다. 언니가 안방으로 들어갔다. 당연히 나도 얼른 따라서 들어갔다. 언니는 내가 처음 보는 어떤 아줌마 앞에 무릎을 꿇고 앉아서 "어머니 부르셨어요?" 했다. 어, 이 사람은 누구지, 어머니? 왜 엄마가 아니고 어머니지? 엄마라면 부엌에 있어야지 왜 안방에 저렇게 고운 옷을 입고 있는 걸까? 어린 눈에 그 안방에서의 장면은 너무나 생소했다.

그랬다. 새로 들어온 큰어머니, 말하자면 나는 뵌 기억도 없는 돌아가신 큰어머니 대신에 우리 사촌 언니들의 새어머니가 된 분이었다. 그 날이 아마도 새어머니를 맞이하는 잔칫날이었나 보다.

'아, 엄마가 죽고 새엄마가 들어오면 어머니라고 불러야 하는 것이로구나. 그리고 어머니는 일도 안 하고 저렇게 예쁘게 차려입고 다른 사람들이 대접해드려야 하는 분인가 보다!' 그 때 어린 내 머릿속에는 이런 생각이 각인되었다. 그러니 나를 낳아준 친엄마를 어머니라고 부르는 것은 엄마를 계모 대접하는 예의에 벗어난 일이라고 나는 혼자서 그렇게 단정짓고 말았다. 어쩐 일인지 우리 엄마도 자녀들이 어른이 되도록 한 번도 당신을 어머니라 부르라고 가르치지 않았다. 엄마와 어머니에 대한 어릴 때의 생각이 머리에 자리하고 있던 나는 물론 자녀들에게 나를 어머니라 부르는 것을 허락하지 않았다. 엄마라는 정겹고 좋은 이름, 내 육신의 분신들에만 불릴 수 있는 그 고귀한 이름으로 평생 불리고 싶었다.

아들이 결혼하여 며느리를 보았다. 그리고 두 사람을 고루 닮은 귀여운 손녀딸이 태어났다. 한 가정의 가장이 되고 애아버지가 된 덩치 큰 아들이 "엄마!" 하고 부르는 것이 좀 안 어울린다는 생각이 차츰 들기 시작한다. 딸은 그렇지 않은데. 내일모레면 마흔이 되고 이제 곧 학부모가 될 딸이 "엄마!" 하고 부르는 것은 하나도 이상하지 않고 정겹기만 하다. 그런데 왜 아들한테는 그런 느낌이 드는 것일까? 돌이켜보니 우리 엄마도 딸들에게는 돌아가실 때까지 엄마였었으나 아들들에게는 그렇지 않았다. 오빠들은 각각 가정을 이룬 후로는 자연스럽게 어머니로 불렀었다. 아들은 그만큼 멀어졌다는 의미일까? 이제는 내 아들이 며느리도 있는 데서 힘차게 "엄마!" 하고 부를 때마다 갈등하게 된다. 그대로 두어야 할까? 아니면 점잖게 "애 아버지도 되었으니 이제는 어머니라고 부르렴." 해야 할까?

(2011년 봄)
—《순수문학》 2012년 수필동인지

엄마의 원피스

　내가 초등학교에도 들어가기 전이니까 아마 여섯 살 때쯤 있었던 일이었나 보다. 나는 아주 많이 성장한 후까지도 추석이 가까워 오면 언제나 그때의 억울함이 되살아나 혼자 씩씩거리곤 했다.
　모두 어려운 시대를 살았던 내 또래들은 다 경험한 일이겠지만 둘째 딸인 나는 엄마로부터 새 옷을 받아 입어본 일이 거의 없었다. 언제나 언니가 입다가 작아진 옷을 물려 입는 것이 당연한 일이었다.
　그날도 엄마는 동대문 시장으로 장을 보러 가셨다. 보통 때는 동네 가게에서, 또는 물건을 이고 지고 다니는 장사들한테서 반찬거리를 샀지만 아버지 생신이라든가 오빠들의 생일이라든가 명절이 다가오면 엄마는 집에서는 제법 떨어진 동대문 시장까지 다녀오시곤 했다.

그때도 추석을 며칠 앞두고 엄마는 고쟁이에 달린 주머니에 돈을 두둑이 넣고는 동대문 시장에 다녀오신다고 했다. 나한테 동생들을 잘 보살피고 있으라고 타이르고 가셨을 테지. 오빠들과 언니는 학교에 갔으니 그럴 때 동생들을 돌보는 것은 언제나 내 몫이었을 테니까. 동생들을 그때 어떻게 돌봤는지 하는 것은 지금 기억에는 남아있지 않다. 그냥 엄마를 기다리는 것이 지루해지고 또 엄마가 맛있는 것을 사오실 텐데, 추석이 되어가니 예쁜 옷을 사오실 텐데, 그런 기대감과 설렘으로 엄마를 마중하러 나갔다. 큰길을 향해서 한참 가다가 드디어 엄마를 만났다. 엄마는 양손 가득히 보따리를 들고 나를 발견하고는 웃으면서 다가오셨다. 나도 반가워서 "엄마!" 소리치며 뛰어갔다.

거기서 기억의 필름이 끊기고 생각나는 다음 장면.

엄마의 보따리 속에서는 여러 가지가 나왔겠지만 내 머릿속에 남아있는 것은 단지 예쁜 원피스 세 벌뿐이다. 푸른 무늬의 언니 원피스, 노란무늬의 동생 원피스, 빨간 무늬의 막내 동생 원피스. 그런데… 그런데… 아무리 뒤져도 내 것은 없었다. 엄마는 세 딸에게 옷을 입혀보면서 아주 잘 맞는구나 하며 만족해하셨다. 세 개의 원피스는 색깔만 다르지 같은 무늬의 것들이어서 셋이서 입고 있으면 누가 봐도 자매들이라는 것을 알아차릴 수 있는 아주 멋진 옷들이었다.

"엄마, 내 것은?" 나에게는 추석 때 입을 만한 옷이 있어서 사지 않았다고 엄마는 아무렇지도 않게 얘기했다. 나는 울음을 터뜨리고 말았다. 여섯 살짜리가 이 상황에서 달리 대처할 수 있는 방법이 있었을까? 돈이 모자라서 넷 중에 둘만 산 것도 아니고 어떻게 네 딸 중에 세 명의 옷은 구색 맞춰 사면서 내 것만 빼놓을 수 있단 말인가. 그러나 엄마는 나를 달래줄 생각도 않고 저녁 식사 준비가 늦어졌다고 종종걸음으로 부엌으로 가버리셨다.

언니와 동생들은 새 옷을 입고 서로 예쁘다면서 좋아했다. 나는 슬펐다. 날아갈 듯한 예쁜 추석 빔을 입은 언니와 동생들 틈에 허름한 옷을 입은 채 엄마와 형제들에게 소외당한 그때의 아픈 내 마음을 누가 이해할 수 있을까. 이럴 줄 알았다면 엄마를 마중 나가지나 말 것을. 나는 계모와 팥쥐에게 구박당하는 콩쥐가 된 심정으로 서러워서 울었다.

그 뒤로 한참 자란 후까지 얼마 동안은 기회만 있으면 그 일을 되뇌며 엄마는 아동심리도 모른다느니, 그런 것이 아이들한테는 얼마나 큰 상처가 되는 줄도 모른다느니, 잘난 척을 하며 엄마를 괴롭혔다. 그러면서 세월은 흘러 나도 엄마가 되고 아득히 그때의 일을 잊고 지냈다.

내 나이 마흔을 넘어서면서, 아이들을 웬만큼 키워놓고 한숨 돌릴 즈음 학교에 나와 강의를 해달라는 은사님의 부탁을 받고 일주일에 한 번씩 가르치러 나가게 되었다. 마침 그 대학이 엄마가 사시던 아파트에서 아주 가까워 나는 학교에 나가는 날이면 늘 엄마한테 들러서 쉬다 오곤 했다. 그날도 엄마는 베개를 내주며 누워서 쉬라면서 내 곁에 앉으셨다. 우리는 함께 이 얘기 저 얘기하며 모녀의 정을 나누고 있었다.

"아, 참." 엄마가 무엇인가 문득 생각난 듯 장롱문을 열고 옷을 한 벌 꺼내셨다.

"이 원피스 내가 입으려고 샀는데 나보다는 젊은 너한테 더 잘 어울릴 것 같으니 너 입지 않으련?" 나도 얼른 일어나서 옷을 받아들었다. 감색의 여름 원피스였다. 비교적 부자 아들을 둔 엄마는 가난한 선비의 아내인 나보다 언제나 고급스러운 옷을 입었다. 그 옷도 내 능력으로는 사 입기 어려운 좋은 옷이었다.

"엄마, 이렇게 좋은 옷을 엄마 입으시지 않고 왜 저를 주세요?" 그냥 나는 그렇게 말했다. 그때, 죄를 지은 사람이 고백하듯 더듬더듬 하시는 엄마의 말씀.

"내가 그 옛날에 세 딸만 예쁜 옷 사주면서 네 것은 못 산 것이…. 나도 그때 왜 그랬는지 기억은 안 난다만 그것이 늘 마음에 걸렸다. 이 옷 괜찮은 옷이니 네가 잘 입고 그때 일은 잊어주면 좋겠다."

"엄마…."

나는 그동안 나만 마음이 아팠다고 생각했다. 그런데 엄마,

당신은 나보다 더 많이 아프셨군요. 내가 그 일을 씩씩대며 이야기하면 아무 소리 없이 무심한 듯 듣고 계시더니 그때마다 마음이 아프셨던 것이군요. 나는 얼마나 형편없는 딸이었나! 엄마가 다른 딸들을 제쳐놓고 자식들 가운데 몸이 제일 약한 나만을 위해 해주신 것이 원피스 한 개와는 비교할 수도 없이 많았는데. 앓고 누웠을 때마다 한약을 정성껏 달여 주신 일이며 유난히 추위를 타는 나를 위해 밤이 이슥하도록 스웨터를 떠서 입혀주신 것은 또 몇 번이었던가. 그런 것은 다 기억조차 하지 않으면서 그만한 일 한 가지 때문에 엄마의 마음을 얼마나 아프게 해드렸길래 나도 잊고 있던 그 일을 지금까지 마음 속에 담아두셨을까.

옷을 받아들고 어둠이 내리는 저녁 길을 집으로 돌아오면서 나는 그동안 마음고생 했을 엄마가 안쓰럽고 죄송해서 눈물을 흘렸고, 옹졸했던 내 마음이 한심스러워 소리도 못 내고 눈물을 삼켰다.

(2011년 여름)
—《용산문화》 2011년 17호

3.
봄 앓이

봄 앓이
버섯
잊을 수 없는 향기
비행기 안에서
나그네 인생길
프린스턴에서 오신 선생님
평준화를 거부한다
아버지의 넓은 등

봄 앓이

따사로운 햇살에 봄기운은 완연한데 꽃샘바람이 매섭게 옷깃을 파고든다. 이때쯤이면 시작되는 병이 올해도 어김없이 찾아오려나 보다. 겨우내 소리 없이 내 일과에 순응해 주던 마음이 서서히 반란을 준비하고 나선다.

사방을 둘러보아도 칙칙한 회색 벽 외에는 보이는 것이 없고 내려다보면 온 지면이 주차해 놓은 자동차들로 뒤덮여 있다. 벗어나고 싶다. 이 답답한 조형물을 벗어나 훌훌 털고 저 넓은 세상을 향해 한 마리 노랑나비처럼 춤추며 날아가고 싶다.

겨우내 그 사람을 기다렸다. 어디에 있을지 모를 그 사람이 봄이 시작되면 다시 날 찾아오리라는 믿음으로 지루한 겨울을 견뎌냈다. 그리고 봄이 왔다. 이제쯤 그가 나타날 때가 되었음을 직감하며 예배를 마치고 설레는 마음으로 집으로 오는 길목. 저만치 그가 보였다. 옆에 함께 걷던 남편이야 따라오건 말건 그에게로 달려가 반갑게 인사를 나누었다. 내 기대에 어긋나지 않게 그는 트럭 가득 봄꽃을 싣고 와 기다리고 있었다. 히아신스, 후리이자, 시클라멘, 베고니아 등…. 아, 예쁘다. 어쩌면 이리도 아름다울까. 꽃을 고르는 손길이 흥분으로 떨린다. 내가 사는 이 세상에 꽃이 함께 있다는 것은 얼마나 큰 축복인가.

지난겨울 내내 바쁘고 몸이 고달프다는 핑계로 잘 돌보지 못한 나의 소중한 베란다 정원에 모처럼 들어섰다. 화초에게 추운 겨울을 잘 견뎌주어 고맙다고 일일이 인사를 하며 쓰다듬듯이 만져주었다. 마른 잎도 떼어주고 영양제도 얹어주며 오랜만에 화단 청소를 하다가 갑자기 몰려든 그 병증을 견디지 못해 들고 있던 빗자루를 내던지며 주저앉아 소리를 질렀다.

"나 마당 있는 집에서 살고 싶어. 꽃도 심고 텃밭도 일구고 싶다구요. 매일 뒷산으로 나물도 캐러 가고 시냇물에서 송사리도 잡으며 놀고 싶다구~~."

방에서 일하고 있던 남편이 내가 다쳐서 소리치는 줄 알고 놀라서 나와 본다. 그이 들으라고 큰 소리로 알고 있는 꽃 이름을 하나하나 읊어대기 시작했다.

"채송화, 함박꽃, 달리아, 분꽃… 참, 담장에는 나팔꽃도 올려야지. 그것도 진보라와 자줏빛으로! 장미, 라일락, 모란, 그리고 과일나무도 심어야 해요. 매실, 복숭아."

남편은, '또 그 병이 도지는구먼. 어쩐지 날씨가 따듯해지는데도 아무 소리 없길래 이상하다 했지.' 하는 표정으로 "올해는 글 쓰는 재미로 그냥 넘어가나 보다 했더니…." 별일 아니라는 듯이 씩 웃으며 돌아서 가려 한다. 나는 더 큰 소리로 떠들었다.

"텃밭에는요 채소를 종류별로 다 심을 거예요. 토마토는 당신 몸에도 좋잖아요. 풋고추가 크기 전에 따먹으면 얼마나 맛있는데요. 당신은 그런 거 모르죠? 에그 바보."

물론 맨 끝말은 벌써 방으로 들어간 그이가 듣지 못할 줄 알고 한 말이다.

남편이 서울, 그것도 아파트를 고집하는 이유를 모르는 바는 아니다. 그리고 나도 거기에 동의했다. 하지만 봄이면 꿈틀대고 나오는 자연으로의 회귀본능은 어쩔 수가 없다. 곁에 남편밖에 없으니 마치 그이 탓에 이 답답한 서울을 떠나지 못한다는 듯이 한바탕 분풀이를 해대곤 한다.

나는 서울 토박이이고 시골에서 살아 본 적이 없다. 방학이면 한두 주 시골 고모 댁에서 지내본 것이 농촌체험의 전부다. 마음껏 시골생활을 누려보지 못한 탓에 더욱 그 생활에 대한 환상에 시달리는 것인지도 모르겠다. 시골에서의 짤막짤막한 기억들은 물결처럼 쉼 없이 흘러가는 세월 속에서 때때로 바위에 부딪히며 도는 시냇물이 일으키는 포말처럼 반짝이며 내 삶을 영롱하게 빛내준다. 어릴 때 본 밤하늘의 은하수와 별똥별과 속이 훤히 들여다보일 듯하던 달. 그리고 평상 위에서 잠들어 꾸던 꿈들— 하얀 드레스를 입고 맨발로 거닐던 도라지 꽃밭의 보랏빛 아름다움. 그리고 산길에 피어있던 하늘나리꽃과 옷 속 깊이까지 스며들던 소나무 향.

면장갑을 끼고 꽃삽을 손에 들었다. 너무 오래되어 볼품없어진 화분 몇 개를 들어내 밖으로 내가고 조그만 공간을 확보했다. 나만의 베란다 채소밭을 일굴 생각이다. '절문이근사(切問而近思)'라고 하지 않았던가. 절실히 묻고 가까운 곳에서 생각해 보니 답이 나온다. 시골에 가지 못할 형편에 자꾸 먼 곳을 바라본들 아무 소용없는 것 아닌가. 자리만 마련했을 뿐인데 벌써 내 눈앞에는 하늘대는 보드라운 상추가 어른거린다. 충실해 보이지 않는 화분들을 골라내어 베란다 바닥에 쏟고 분갈이를 시작했다. 흙냄새가 물씬 올라온다. 아이들에게 하듯 말을 시키며, 예쁘다고 칭찬도 해주며 잘 자라라고 격려해 주는 동안 내 마음도 평온을 되찾아 갔다. 꽃 트럭에서 새로 사온 화분들을 식구로 맞이해 각자의 위치를 정해주는 동안 그 꽃들로 인하여 내 마음에 봄을 맞는 기쁨이 되살아나고 얼굴에는 어느새 미소가 피어올랐다. 그래, 욕심내지 말자. 시골이 아니면 어떠랴. 마당은 없지만 철 따라 꽃을 피우는 내 정원이 있잖아. 이제 텃밭까지 갖추었으니 전원주택도 부럽지 않다.

그렇다고 이것으로 올해의 봄 앓이가 끝난 것일까? 나도 잘 모르겠다. 하지만 아마 앞으로도 목련이 피고 라일락이 향기를 흩날리고, 밭에 쑥이 지천이라는 시골친구의 전화를 받을 때마다 내 가슴은 뛰겠지. 새록새록 깊어가는 향수병을 가슴에 안고 마음의 고향, 시골로 달려가는 내 마음을 누가 붙들어 줄까.

(2012년 3월)

버섯

한가로운 오후 베란다로 면한 유리문 앞에 앉는다. 알맞게 데워진 마룻바닥이 마음을 푸근하게 해주며 유리창을 통과한 볕이나마 내 몸 가득 가을의 정취를 안겨준다. 아침부터 넘쳐든 맑은 가을 햇살이 아직 넉넉히 남아있는 베란다. 일 년 내내 꽃을 피워내는 제라늄 곁에 만냥금 열매가 붉은 기운을 띠기 시작한다. 부겐베리아는 신기하게도 올해 들어서만 벌써 세 번째 꽃이 피어 베란다를 더욱 환하게 해주고 있다.

얼핏 무엇인가 내 눈을 잡아끈다. 작년 가을 구청에서 나누어준 상자 텃밭 아래로 희끄무레 보이는 것이 있다. 엊그제 물을 줄 때도 없었는데 무엇일까. 문을 열고 나가 들여다보니 이름 모를 버섯 서너 송이가 상자 바닥에 난 구멍에서 나와 밖으로 자라고 있었다. 생명을 번식시키려는 놀라운 힘이 느껴진다. 어디에서 포자가 이 먼 곳, 이 높은 곳까지 올라왔을까?

아니면 상자를 받아올 때부터 흙 속에 숨어있던 것이 채소를 거둬낸 빈 상자에서 때를 찾아 발아한 것일까?

　어린 시절 나의 큰 고모님이 시골에 살고 계셨다. 지금이야 경기도 양주라고 하면 그리 멀지 않은 서울의 변두리 정도가 되었지만 당시 서울 한복판에 살던 우리에게는 더 할 수 없는 시골이었다. 방학이 되면 내려가 지냈던 그곳에 대한 추억이 없었다면 평생을 서울에서 살아온 내 삶이 얼마나 삭막했을까 싶을 만큼 그때의 경험은 내게 참으로 소중한 보물이다. 베란다의 버섯을 보는 순간 그 많은 추억 가운데 고모를 따라 깊은 산으로 버섯을 따러 갔던 기억이 비디오를 틀어 놓은 듯 되살아났다.

　교과서의 그림으로만 배웠던 버섯은 보통 우산 모양이었다. 먹을 수 있는 버섯과 독버섯을 구별하는 법도 학교에서 배워서 알고 있는 것이 전부였다. 여름이면 농사일로 바쁘셨을 텐데 어느 날 고모는 이웃 아주머니와 함께 버섯을 따러 가신다고 했다. 초등학교 6학년이었던 나는 무조건 고모를 따라가겠다고 했다. 낮은 산에는 버섯이 나지 않으니 깊은 산으로 가야 하는데 다리가 약한 내게는 무리라고 하셨다. 나는 할 수 있다고 고집을 부렸다. 그렇게 깊은 산에는 뱀이 산다고 하셨다. 실제로 뱀을 본 일이 없는 내게 그 말은 별로 위협이 되지 못했다. 결국 나는 고모의 치맛자락을 붙들고 따라 나섰다.

 깊은 산속으로 들어가 보는 것은 그때가 처음이었다. 다리가 아팠었는지는 지금 기억나지 않지만 오랜 시간을 별도 잘 들지 않는 산길을 걷던 기억은 지금도 생생하다. 소나무 향으로 가득한 공기가 가슴 깊이 들어왔다. 산 속으로 들어가다 보면 드문드문 야생화가 피어 있었다. 도라지, 그야말로 심심산천의 백도라지, 보랏빛 도라지가 얼마나 청초했는지…. 도라지뿐 아니었다. 원추리라든가 예쁜 이름의 하늘말나리, 그리고 이름도 알 수 없는 꽃들이 그 깊은 산 속에 보아줄 이도 없는데 어쩌면 그리도 아름답게 피어있는지 신기하기만 했다. 꽃을 좋아하는 것은 그때도 마찬가지였나 보다. 넋을 잃고 꽃을 들여다보느라 시간이 지체되면 고모는 "뱀이다!" 큰 소리로 내 걸음을 재촉하셨다.

 베란다에 피어난 버섯은 색도 흐릿하고 생긴 것도 순한 것이 독버섯이란 느낌이 들지 않는다. 어쩌다가 이 낯선 곳에 피어 어쩌해야 할지 몰라 쩔쩔매고 있는 듯 안쓰럽기까지 하다.

 고모는 내게 버섯에 함부로 손대지 말라고 하셨다. 먹지 않더라도 손에 독이 묻어 있다가 산에 널린 열매를 따 먹을 때 몸속으로 들어올지 모르니 고모 곁에 바짝 붙어서 허락을 받고 나서 버섯을 따서 바구니에 넣으라고 했다. 정말 교과서에서 배운 대로 화려한 색깔로 예쁜 것들 가운데 독버섯인 것들이 많았다. 하지만 별로 예쁘지 않은 독버섯도 있었고 예쁜 색깔이어도 먹을 수 있는 버섯도 있었다. 구별하는 법이란 것은 따로 없고 경험에서 얻은 지식으로 분별하는 수밖에 없는 듯했다. 일의 능률을 위해 함께 간 아주머니와 고모가 서로 방향을 달리하면서 버섯을 찾아다녔다. 누구든 버섯 군락지를 찾으면 심마니들처럼 "심 봤다."라고 외치지는 않았지만 "○○엄니, 이쪽으로 와 봐유." 해서 사이좋게 버섯을 나누어 땄다. 서로 다른 고장에서 시집와 새댁이었을 때부터 야트막한 담 하나를 사이에 두고 정을 나누며 매운 시집살이 눈물도 함께 나누며 보듬어 주던 자매간이나 다름없이 다정하던 그분들. 내 것 네 것을 가리지 않고 나누던 그 후한 인심을 지금은 어디에서 찾아볼 수 있을까. 오늘 두 분의 모습이 눈에 아른거리며 몹시 그리워진다.

베란다로 나간다. 상추를 뽑아낸 뒤에는 물도 잘 주지 않던 상자에 물을 흠뻑 준다. 버섯은 습해야 잘 자란다는데 이렇게 흙이 말랐으니 힘들여 태어났을 생명을 말라죽게 내버려두면 안 될 것 같다. 상자를 살짝 들고 들여다보니 아직 밑에서 기어 나오지 못한 새끼 버섯들이 몇 개 더 있다. 비를 피해 내

집 처마 밑을 찾아든 어린 새들을 보는 마음이다. 유년의 아름답던 시간으로의 여행을 하게 해준 귀한 버섯을 며칠 더 볼 수 있기를 바라며 기울어져 가는 해가 저만치 벗어난 베란다 문을 닫고 저녁준비를 위해 부엌으로 들어간다.

(2013년 가을)

잊을 수 없는 향기

나는 가을을 좋아한다. 그렇다고 다른 계절을 싫어하는 것은 아니다. 봄은 피어나는 꽃들로 사방이 아름다워지니 좋아하지 않을 리 없다. 여름은 한낮의 뜨거운 햇살로 지쳐갈 무렵 달구어졌던 땅을 식히는 소낙비가 쏟아지면서 피어오르는 흙냄새가 정겨워서 좋고, 겨울은 때때로 흰 눈이 내려 온 세상을 은빛으로 덮어 깨끗한 천지를 만들어주니 겨울 또한 좋다.

 가을! 내가 가을을 특별히 좋아하는 이유는 들국화가 피는 계절이기 때문일까? 꼭 그렇지만은 않을 것이다. 가을은 사람의 마음을 깊이 파고든다. 생각도 깊어지고 삶에 대한 사랑도 깊어지게 한다. 가을볕을 받으며 낙엽을 밟으면 '내가 누구인가.'부터 시작해서 '나는 지금 내 삶에 어디쯤 와있는 걸까.'로 사색이 진전되다가 갑자기 어디론가 멀리 여행을 떠나고 싶어진다. 일상에서 벗어나 전혀 모르는 세상 끝 어디쯤엔가 혼자서 있는 나를 상상해본다. 그곳이 어디든 내 주위에는 언제나 갈대와 어우러진 들국화가 피어있다.

내가 어린 날 살던 동네의 뒷산은 아름다웠다. 봄의 진달래를 비롯해 철철이 쉬지 않고 꽃이 피었다. 여름이면 아카시아 향기가 온 동네를 뒤덮을 듯 진동했고 여름이 깊어갈 무렵이면 빨갛다 못해 검붉은 산딸기가 우리를 즐겁게 해주었다. 요즘 비닐하우스에서 자란 딸기의 맛을 어찌 감히 그 맛에 비길 수 있을까.

엄마가 이불 홑청을 벗겨 큰 대야 한 가득 담아 머리에 이고 계곡으로 빨래하러 가는 날은 우리 자매들의 소풍날이기도 했다. 계곡 언저리에 피어있던 자줏빛 물봉선, 앵초, 새파란 달개비, 그리고 이름을 알 수 없는 그 많은 꽃들의 모습이 아직도 눈에 선하고 그립다. 그러나 내 가슴속에 가장 아름답게 자리 잡고 있는 기억은 따로 있다. 찬바람이 불기 시작하는 가을날 산속 흔들리는 갈대 사이에서 스산한 바람을 맞으며 수줍은 듯 피어 있던 들국화와 말로는 표현하기 힘든 그 향기다.

어린 날 학교에서 돌아오면 가끔 가방을 던져놓고는 엄마가 사주신 예쁜 바구니를 들고 이름도 모르는 이런저런 풀을 뜯으러 산으로 놀러 갔다. 소꿉놀이의 재료로 쓰려했으리라. 보통은 동생이나 친구들과 함께였는데 그 날은 어쩌다 혼자였다. 한참을 다니다 보니 나도 모르게 산속 깊이 들어가 버렸다. 조금은 무섭기도 하고 춥기도 해서 그만 돌아가려는데 저만치 바위 아래 갈대숲 사이에서 '너를 기다리고 있었어.'라고 말하는 듯 청초하기 그지없는 들국화가 웃고 있었다. 아무도 보아주지 않지만 스스로의 기품을 잃지 않는 들국화. 가까이 다가가서 향기를 맡았다. 눈을 감은 채 한동안 향기에 취해 있었다. 흰빛, 분홍빛, 그리고 연보랏빛의 들국화를 꺾어 안고 집으로 오면 내 스웨터에선 언제까지나 들국화 향기가 났다. 예쁜 꽃병이 흔치 않던 시절 엄마가 내어주신 소담한 오지항아리에 담아 방에 놓아두면 작은 방은 들국화 향기로 가득했다. 그 향기가 나를 얼마나 행복하게 해주었던지 지금도 그 생각을 하면 기쁨이 새록새록 피어난다. 들국화에 대한 나의 사랑은 이미 그때 시작되고 있었나 보다. 세월이 흐르면서 어린 시절에 사랑했던 들국화는 아니더라도 국화만 보면 그냥 지나치지 못하고 꼭 향기를 맡아보는 버릇이 생겼다. 국화만이 지닌 독특하고 진한 향기 때문에 나는 국화를 사랑한다. 장미 향기처럼 화려하지도 않고 라일락 향기처럼 오월의 찬란함을 느끼게 해주지는 않아도 국화는 그 만의 향기, 사람의 마음을 그윽이 안정시켜주는 향기가 있어 나는 국화를 참으로 좋아한다.

 국화가 피기 시작하는 가을이 오면 잊지 않고 국화 화분을 몇 개 산다. 내 머릿속에 아직도 생생하게 남아있는 들국화의 향기를 희미하게라도 닮은 꽃을 만나는 날이면 난 눈물을 글

쌩일 만큼 반가워서 옛 애인이라도 만난 듯 뺨을 비벼대며 이야기를 나누곤 한다. 그런데 어느 때부터인가 향기가 별로 없는 국화꽃이 참 많아졌다. 잔뜩 기대에 차서 꽃에 얼굴을 묻다시피 하고 향기를 맡아봐도 밋밋하게 별로 향기가 나지 않는 국화를 보면 허전한 마음 달랠 길이 없다.

향기 없는 국화가 어떻게 국화일 수 있단 말인가!

개발과 함께 늘어나는 등산 인구 때문에 요즈음은 내가 갈 수 있는 야산 그 어느 곳에서도 들국화를 볼 수 없어지고 말았다. 몇 년 전 추석 무렵, 무척 아름답다고 알려진 '아침고요수목원'이라는 곳에 간 적이 있다. 이곳저곳 잘 가꾸어 놓은 정원들— 그래, 그곳은 아름다운 자연이라기보다 잘 가꾸어 놓은 정원이라는 표현이 맞는 그런 곳이었다.— 을 구경하다 저만치 들국화가 흐드러지게 피어있는 것이 내 눈에 들어왔다. 몇십 년 만에 그리워하던 임을 만나는 듯한 설렘으로 그곳으로 달려갔다. 하지만 그것들은 사람의 손에 의해 길러진 다른 국화들과 다름없는, 누구에게나 자신을 드러내고 있는 그냥 국화였을 뿐 내가 애타게 그리던 들국화, 아직 아무의 눈에도 뜨이지 않고 바위틈에 숨어 있다가 나를 보고 반겨주던 그 청초한 들국화의 모습은 아니었다.

한 아름 들국화를 품에 안고 향기를 맡으며 행복했던 그 어린 시절 이후 나는 들국화에 대한 그리움을 향수병을 앓는 사람처럼, 첫사랑을 못 잊어 하는 사람처럼, 가슴속에서 지워내지 못하고 있다. 언젠가 그때 그 숲 속에서 내게 자신의 모든 향기를 주던 그리도 순결했던 들국화를 또다시 볼 수 있을까? 꿈꾸며 기대하며. 이 여름이 가면 또 한 번의 가을이 오겠구나….

(2011년 여름)

비행기 안에서

그때가 1997년이었으니까 벌써 10여 년 전에 있었던 일이 되었네. 스페인의 바르셀로나에서 회의가 있는 남편과 동행한 적이 있다. 직항기가 없었으므로 먼저 프랑크푸르트행 비행기에 올랐다. 서울서 프랑크푸르트까지는 빠르면 13시간이 걸리는 장거리 비행이다.

성수기라 빈 좌석 하나 없이 모두 촘촘히 앉아서 긴 여행을 대비하고 있었다. 이륙하고 조금 있으려니 멀지 않은 곳에서 아기 우는 소리가 들렸다. 언제부터 그 아기가 울고 있었는지는 모르겠지만 하여간 안전하게 이륙하고 이제 눈감고 편안히 한 잠 자면서 가야겠다고 생각할 때 그 아기의 울음소리가 귀에 거슬리기 시작한 것이겠지. 웬 아기가 이렇게 울어댈까. 아이 보호자는 아기를 달래지 않고 무엇을 하고 있지? 장거리 비행 내내 저 아기가 울음을 그치지 않으면 어쩌나…. 나를 포함

한 모든 승객이 그렇게 생각하는 것 같았다. 안 그래도 비행기 여행은 힘이 드는 법인데. 하지만 아기도 울다 보면 지쳐서 곧 잠이 들겠지.

그런데 아무리 기다려도 아기는 자지러지는 울음을 그칠 기미를 보이지 않았다. 여기저기서 수군수군 불평하는 소리가 들리기 시작했다. 고개를 길게 빼고 살펴보니 아기는 왼쪽 열 중간쯤에, 아기와 동행하는 사람들이 주로 앉는 곳에 아기 침대 위에서 팔다리를 버둥대면서 울고 있었다. 보호자로 보이는 사람은 외국인 남자였는데 그냥 아기가 울도록 내버려둔 채 신경을 쓰지 않는 것 같았다. 나는 잠시 망설이다가 아기 쪽으로 다가갔다. 주변 사람들은 짜증 난다는 듯한 얼굴을 한 채로 누가 어떻게 좀 해주길 바라는 것 같았다. 아기는 태어난 지 대여섯 달 되어 보이는 한국 아기였고 나중에 들은 바로는 독일인 의사가 입양해서 데리고 가는 중이었단다.

그 외국인 남자에게 다가가서 가볍게 웃으며 묵례를 하고 아기를 살펴보기 시작했다. 두 아이를 길러낸 엄마로서의 직감으로 이 아기가 왜 우는지를 알아내기 위해 생각하기 시작했다. 아기의 보호자와 대화를 시도했다.

"아기가 배가 고픈 것은 아닐까요?"

조금 전에 우유를 먹었단다.

"혹시 기저귀가 젖은 것은 아닐까요?"

기저귀도 갈아준 지 얼마 안 됐다고 했다.

"어디 아픈 데가 있지는 않습니까?"

아기들은 비행기를 타면 기압 차이로 인해 귀가 아플 수 있는데 아마도 그 때문인 것 같다며 자신이 의사라고 했다. 의사 앞에서 더 이상 아는 체 할 수도 없어서 잠시 망설이다가,

"아기가 품에 안기고 싶은 것 같으니 안아주면 울음을 그칠지도 모를 텐데요."

그는 도착지까지는 15시간의 비행인데 지금부터 안아주기 시작하면 자신이 힘들어서 견디지를 못한다고 했다. 잠시 침묵이 흐른 후 용기를 내어서 물었다.

"제가 좀 안아주어도 되겠습니까?"

허락을 받고 아기를 조심스럽게 들어 올려 안다가 나는 깜짝 놀랐다. 아기의 몸이 얼음장같이 찼다. 게다가 기저귀도 푹 젖어있었다. 다시 아기를 침대에 내려놓고 기저귀를 갈게 했다. 아기는 실내복 같은 얇은 옷을 한 겹 입고 있을 뿐이었다. 비행기 안은 얼마나 냉방이 잘되는지 비행기를 타자마자 스웨터 하나를 덧입어야 할 정도였는데 어쩌자고…. 그 조그만 몸이 여름옷 한 겹만 입은 채로 춥다는 말도 못하고 얼마나 힘들었을까. 아기가 추운 것 같으니 옷을 더 달라고 하자 그 사람은 모두 짐에 실어서 없다고 했다. 의사라는 사람이 아기에 대해서 이렇게 무지하다니! 말 못하는 아기를 제대로 돌볼 줄도

모르면서. 은근히 화가 났지만 어쩌겠나. 여승무원에게 담요를 한 장 달라고 해서 아기를 등에 업었다. 무엇으로든지 이 아이의 몸을 따듯하게 해주는 게 급선무일 것 같았다. 그리고 승무원들이 머물 수 있는 조금 넓은 곳으로 가서 아기를 달래기 시작했다. 승무원들도 모두 외국인들뿐이었는데 자기들도 아기의 울음 때문에 어쩔 줄 몰라 하던 터라 내게 친절하게 대해주고 부탁도 잘 들어주었다. 아기는 잠시 울음을 멈추는 듯하더니 곧 다시 울기 시작했다. 아기를 내려서 다시 찬찬히 살펴보기 시작했다. 갓난아기를 키운 것이 20년쯤 전이었지만 아직도 엄마의 본능은 살아있어서 아기가 배가 고프다는 것을 곧 알아차렸다. 녀석의 배가 홀쭉해 있었다.

여승무원한테 아기에게 먹일 우유를 달라고 부탁했다. 그녀는 얼른 우유병에 담긴 우유를 가져왔다. 냉장고에서 갓 꺼낸 차가운 우유였다. 추위로 꽁꽁 언 아가에게 이 찬 우유를 주라니 어이가 없었다. 아직 아기를 낳아보지 않아서 모르는 걸까. 외국에서는 아기에게 이렇게 찬 우유를 먹인다는 걸까. 어쨌건 아이가 추워하니 우유를 따듯하게 데워달라고 다시 부탁했다.

드디어 따듯한 우유가 왔다. 내 체온이 아기에게 전달되도록 가능한 한 몸에 밀착시키며 꼭 끌어안고 우유를 먹이기 시작했다. 그러자 그렇게 쉬지 않고 울던 녀석이 울음을 그치고 젖병을 빨기 시작했다. 아기의 몸도 차츰 따듯해지기 시작했다.

젖병을 거의 비운 아이는 스르르 잠에 빠져들었다. 아기를 보호자에게 데려다 주기 전에 잠시 더 품에 안고 기도했다.

'가여운 이 아기, 태어난 나라와 낳아준 부모를 떠나 만리타향으로 갑니다. 하나님 이 아이가 누구의 자식이 되든지 어디에서 살게 되든지 언제나 이 아기를 지켜주소서. 주님께서 늘 품에 안아주시고 보호해주셔서 새로운 부모에게 사랑받고 밝고 건강하게 자라게 해주소서.'

평화로이 잠든 아기를 담요에 폭 싸서 아기침대로 데려다 주고 조용히 내 자리로 돌아왔다.

이제 올림픽도 성공적으로 개최했으며 월드컵도 유치할 만큼 발전한 내 나라, 부유한 나라 대한민국! 더 이상은 이런 불쌍한 아기들이 낯선 나라로 떠나 평생을 자신의 뿌리를 그리워하며 살게 하지 않을 수는 없는 걸까?

그 아기, 지금 열 살이 넘은 소년이 되어있겠구나. 훌륭한 청년으로 자라나 주기를 다시 한 번 기도해 주어야겠다.

(2009년 여름)

나그네 인생길

　귀국길에 오르기 며칠 전 그동안 가구회사에서 빌려 쓰던 가구들을 모두 반납했다. 꼭 필요한 것들만 가방에 넣고 나머지, 우리 네 식구가 그곳에서 사는 동안 쓰던 모든 것들, 아이들이 입던 옷가지며 부엌에서 쓰던 그릇들, 미처 소비하지 못한 음식 재료들을 아파트 마당에 내 놓았다. 그리고 흰 종이에 이렇게 써 붙여 놓았다. '모든 것이 무료입니다. 필요한 분은 가져가세요.'

　일 년을 아무런 욕심 내지 않고 나그네처럼 살다가 그렇게 홀가분하게 우리 가족은 한국으로 돌아왔다. 남편에게 주어진 안식년은 일 년이었고 그래서 우리는 일 년 후에는 그곳을 떠나야 함을 알고 있었기에 그저 살아가기에 꼭 필요한 것들 외에는 짐이 되지 않도록 단출하게, 또 검소하게 그렇게 살 수 있었다.

몇 년 전 지금 이 집에서 오랜 세월을 살다 보니 집이 너무 낡고 불편한 곳도 있어서 내부 수리를 한 적이 있다. 이웃 주민들이 입주하면서부터 걸핏하면 멀쩡한 아파트를 뜯어내고 수리하는 것을 보며 왜 그런 낭비를 할까 답답했었다. 산더미처럼 실려 나가는 공사 쓰레기가 자연을 해칠 것이 뻔하니 여간 염려되는 것이 아니었다. 또한 이렇게 두들겨 부수면 아파트 전체에 나쁜 영향을 주고 혹시 붕괴를 재촉하는 것이나 아닌가 걱정스러운 때가 한두 번이 아니었다. 그러니 우리는 사는 데 특별한 불편함이 없는 한 집을 뜯어내고 수리하는 일은 하지 않고 살았다.

그렇게 20년 가까이 살다 보니 이곳저곳 손 볼 데도 생기고 벽지도 너무 낡고 말았다. 그뿐만 아니라 몇 년 내로 며느리도 보아야 하니 이참에 집을 깨끗하게 손봐야겠다고 결심하게 되었고 결국 최소한으로라도 일을 벌여야 했다. 살림살이가 있는 채로는 공사할 수 없다고 해서 잠깐 가까운 곳으로 이사를 나가지 않으면 안 되었다. 두 아이를 키워 딸은 시집보내고 아들은 공부하러 보내고 나서 우리 내외만 사는 집에 웬 짐이 그렇게나 많은지.

나보다도 훨씬 어려운 시대를 살아온 남편의 알뜰함 때문에 그동안은 버리고 싶은 것이 있어도 눈치가 보여 마음대로 버리지 못했는데 이때가 기회다 싶어 불필요한 것들—앞으로 살면서 다시는 쓸 일이 없으리라 여겨지는 것들을 추려내어 열심히 버렸다. 두 번 생각할 필요도 없이 당연히 버려야 하는 것들을 버리고 나니 속이 다 후련했다. 문제는 별 필요는 없을 것 같은데도 버리기에는 좀 아까운 물건들이었다. 일단은 버리는 쪽에 놓았다. '아니, 너무 아까우니 좀 더 나중에.' 하며 다시 이삿짐 쪽으로 옮겨 놓았다. 그러기를 몇 번 반복하다 보니 법정 스님의 《버리고 떠나기》에서 읽은 구절들이 슬며시 생각났다.

> 버리고 비우는 일은 결코 소극적인 삶이 아니라 지혜로운 삶의 모습이다. 버리고 비우지 않고는 새것이 들어설 수 없다 …(중략)… 한 생각 돌이켜 미련 없이 선뜻 버리고 비우는 것은 새로운 삶으로 열리는 통로다.

나는 혼자 웃으며 고개를 끄덕이고는 다시 버리는 쪽으로 과감하게 던져 넣었다.

지금 일본에서는 야마시타 히데꼬의 《단샤리(斷捨離, だんしゃり)》라는 책이 베스트셀러가 되고, 이에 공감한 사람들에 의해 단샤리라는 말과 생각이 널리 퍼지고 있다고 한다. 불필요한 것들을 끊고(斷), 버리고(捨), 집착으로부터 떠나기(離)를 뜻하는 말이다. 생각해보면 우리는 집안 가득 얼마나 많은 불필요한

것들에 둘러싸여 살고 있는가. 그것들을 정리하고 보관하느라 얼마나 많은 시간과 에너지를 소모하고 있는가. 정작 우리가 살아가기 위해서 꼭 필요한 것들은 그다지 많은 것이 아니거늘. 욕심 없이 살던 옛 시인의 깨끗한 마음이 느껴지는 시조를 외우며 내 마음을 비워낸다.

> 십 년을 경영하여 초가 삼 간 지어내어
> 나 한 간 달 한 간에 청풍 한 간 맡겨두고
> 강산은 들일 데 없으니 둘러두고 보리라.
> ―송순(조선 선조)

그 옛날 젊은 나이였으나 귀국준비를 하면서 나는 절실하게 깨달았다. 기간의 길고 짧음의 차이는 있을지언정 우리는 어차피 나그네와 같은 인생을 사는 것이라고. 타지에서 살다 내 집으로 돌아오기 위해 다 버리고 와야 하는 것처럼 우리가 한평생 살다가 천국으로 갈 때도 모든 것 다 놓아두고 가야 하는 것임을.

백 년도 안 되는 이 땅에서의 삶을 위해 그토록 욕심내고 쌓아두고 더 갖지 못해서 전전긍긍할 필요가 있을까. 타인의 가슴에 피멍이 들게 하면서 긁어모은 재산이 무슨 의미가 있는지 모르겠다. 자식을 위해서? 어리석은 생각이다. 자신이 노력하지 않고 물려받은 돈으로 빈둥대면서 사는 사람이야말로 가장 의미 없는 인생을 살아가는 것이 아니겠는가.

  이집트의 무바라크 대통령이 드디어 사임했다. 30년을 집권하는 동안 그는 70조 원이라는 어마어마한 돈을 축재했다고 한다. 7억도 아니고 70억도 아닌 70조 원이라는 돈이 사람 개인에게 무슨 의미가 있을까. 무엇 때문에 국민들은 굶주리고 있는데 대통령이라는 사람이 나라를 부강하게 할 생각은 않고 그렇게 많은 돈을 끌어안고 있었을까. 그도 긴 인생을 살아온 사람이니 인생살이가 한낱 나그네의 그것과 다름이 없고 결국에는 모두 버리고 떠나야 한다는 진리를 몰랐을 리가 없었으련만.

  사람의 욕심과 물질에 대한 집착은 어디까지일까. 우리들의 삶이란 너, 나 할 것 없이 모두 같은 나그네 인생길이라는 단순한 진리를 깨닫는 것은 정녕 어려운 일인 것일까?

(2011년 3월)

프린스턴에서 오신 선생님

 "선생님, 안녕히 주무세요!"

불을 끄고 자리에 누웠다. 쉴새 없이 수다를 떨던 흥분이 채 가시지 않았는지 잠이 오지 않는다.

"선생님, 잠드셨어요?"

"아니, 나 그렇게 빨리 잠들지 않아."

이야기는 다시 이어졌다. 장마철 굵은 비는 쉬지 않고 내리고 멀리 오대천에서는 불어난 강물이 거세게 흐르는 소리가 들려왔다.

열세 살, 중학교 2학년 때부터 국어 선생님과 학생으로서의 인연이 시작된 지 어느덧 50년. 대학원을 졸업하고 바로 우리 학교로 오신 선생님은 젊은 나이였지만 엄마처럼 푸근하게 학생들을 대하셨다. 학년이 올라가고 나이가 들어갈수록 나는 그분을 내 인생의 롤 모델로 삼게 되었다. 시간을 아끼며 열심히 살아가는 모습, 학생 누구나 차별 않고 대하시는 따듯한 인간미, 순수함과 진실함, 그리고 겸손함.

모처럼 고국을 방문해 조용한 곳에서 머리를 식히고 싶다고 강원도 평창에 머물고 계신 선생님을 뵈러 갔다. 오랜만에 헤어졌던 엄마를 만난 아이처럼 끊임없이 이야기를 이어가던 어디쯤에서 잠들었을까. 눈을 뜨니 새벽녘이었다. 하나뿐인 이부자리를 나누어주고 얇은 이불만 덮고 계신 선생님이 추우실 것 같아 살며시 내 이불을 덧덮어드렸다. 그 결에 잠이 깨셨나 보다.

"난 괜찮아. 추웠지? 자 이리로 들어와서 더 자렴. 여기는 따듯해."

선생님이 이불 한 켠을 들춰주셨다. 잠시 망설이다가 이제는 같이 늙어가는 언니 같고 친구 같은 선생님, 얼마 후 다시 프린스턴으로 돌아가시고 나면 언제 또다시 뵐 수 있을지 모르겠다는 생각에 마음이 안타까워진 나는 용기를 내어 이불 속으로 들어갔다. 순간 시간을 거슬러 올라가며 아름답던 옛날의 추억이 되살아났다.

고등학교 3학년 여름방학. 비암리라는 시골의 한 초등학교를 빌려 입시준비를 위한 임간학교를 열었던 때. 예민한 성격 탓에 여학생들이 함께 숙소로 쓰는 방(교실)에서는 어수선해서 아무래도 잠을 잘 수 없었다. 나를 아껴주시던 선생님은 여선생님들이 쓰시는 방에서 자도록 배려해주셨다. 시골은 여름이라도 밤에는 제법 추웠다. 멋모르고 얇은 홑이불만 준비해간 나는 새벽이면 추위서 몸을 웅크리고 쩔쩔맸다. 선생님은 자신의 두툼한 솜이불을 들춰주시며 괜찮으니 곁으로 들어오라고 하셨지만, 학생으로서 선생님의 이불 속으로 들어갈 만한 배짱이 없어서 끝내 춥지 않다고 고집을 부리며 세수하러 나가곤 했다.

고등학교를 졸업하던 해 선생님은 E여대 국문과 교수가 되셨고 덕분에 나는 같은 캠퍼스에서 6년이나 더 선생님과 가까이 지낼 수 있는 행복을 누렸다. 그 후 가정 사정으로 미국의 프린스턴으로 가셨지만, 선생님을 마음의 스승으로 모시고 계속 편지를 주고받으며, 미국에 있을 때면 선생님 댁을 방문하기도 하면서 평생 사제지간의 정을 나누었다. 처음에는 엄마처럼, 나이가 들면서는 언니처럼, 그리고 이제는 함께 늙어가는 친구처럼 그렇게 우리는 50년 가까운 세월을 나누었다.

70을 훌쩍 넘기신 오늘에 이르도록 개인적으로는 내 삶에 멘토가 되어주셨고, 국문학자로서는 미국에 사는 교포들을 위해 참으로 많은 일을 하고 계신 선생님. 자신은 검소하기 이를 데 없으면서도 다른 사람들에게는 더 베풀지 못해 늘 안타까운 선생님, 누구에게나 겸손한 자세로 대하시는 선생님. 이런 분을 평생 스승으로 모실 수 있음이 자랑스럽고 행복하다.

집에 돌아와 다음 날 새벽, 이메일을 드렸다.

선생님, 안녕히 주무셨어요?
어제의 일이 꿈같이 느껴집니다.
평창에서 선생님과 함께한 하룻밤.
저에게 또 하나의 아름다운 추억이 되었습니다.
목이 아프도록 이야기하던 즐거움.
글을 잘 썼다고 칭찬받은 일.
다른 어떤 사람의 칭찬보다 기뻤습니다.

구름과 안개가 둘러싼 첩첩 산.
빗소리, 강물 소리 들으며 잠들던 일.
아침에 춥다며 이불 속으로 들어오라던 선생님의 사랑은
옛날 비암리에서의 추억을 되살려 주었고요.

장마철 비도 잘 참아주어
선생님과 오대천 변을 걸으며
자연과 맑은 공기를 숨 쉬고
맑은 공기를 닮은 선생님을
독차지하는 호사를 누렸습니다.

평생 스승으로 모실 수 있는 분을 가진 자의 행복을
다시 한 번 가슴속에 가득 채우고 돌아오는 길.
잘 가라고 손 흔들어 주시던 모습은
영원히 제 마음에 남아있을 것입니다.

선생님, 언제나 건강하셔서
함께 늙어가면서도, 제자이기에
어리광부리고 싶을 때
꾸지람하지 않고 받아주시는
스승이 계시다는 기쁨을 누리게 해주시기를
간절히 소망하며 돌아왔습니다.

오늘도 좋은 하루 되십시오.
선생님, 사랑합니다.
하늘만큼 땅만큼…. 　　　　　　　　수옥 올림

그리고, 선생님의 답장을 받았다.

　수옥 씨,
　부지런도 해요. 언제 일어나서 소 선생님 아침 해 드리고, 이렇게 이메일을 썼어요?
　하기 어려운 외박을 평창의 내 곁에 와서 하룻밤 나와 함께 했다는 것이 대견하고 고맙고, 그래요. 나도 같이 늙어가는 제자, 좋은 친구 당신이 있어 참 행복해요.

  여기 느리게 흘러가는 정체된 것 같은 시간 속에서 뒤를 돌아보니, 내 곁에는 늘 수옥 씨가 있었어요. 내가 이나마 건강한 몸과 마음으로 살아올 수 있었던 것에는 들릴 듯 말 듯한 당신의 숨결이 같이했음을 내가 감사하지 않을 수 없지요.

  이제 당신의 문학적 재능이 귀한 보석으로 반짝이기 시작했어요. 늦지 않았어요. 아마 그건 오랫동안 이과의 수재라는 이름 때문에 땅속에 숨어서 빛날 수 없었던…. 바로 그런 소이 때문이었을 거예요. 문운을 빌면서 내가 기다릴게요.

  여긴 잠깐 비가 그쳤지만, 여전히 강물은 소리 내며 흐르고 골짜기의 짙은 안개는 산허리를 감고 있어요. 건강하게 잘 지내세요.

이종숙

  마음속으로 조용히 선생님을 그려 본다. 스물예닐곱 한창때의 선생님의 모습, 검정치마에 하얀 저고리를 입으셨던 그 곱던 모습이 오버랩되면서 세월의 유수함이 나를 눈물짓게 한다. 선생님도 지금 어쩌면 내 생각을 하고 계신 것은 아닐까? 환갑을 넘기고 세 명의 손주를 둔 할머니가 된 내 모습에서 열세 살 중학생이던 철부지 때 제자의 모습을 기억해내는 일이란 아마도 쉬운 일은 아닐 것 같다.

(2011년 7월)
—《순수문학》 2011년 9월호

평준화를 거부한다

　인터넷이 발달하면서 웬만한 유머나 농담 따위는 어느 특정인만의 것이 아닌 세상이 되었다. 어떤 모임에라도 가면 그동안에 들은 농담들을 나누지 않는 경우는 거의 없다. 어떤 주제에 대해서는 아예 시리즈로 엮여 나오는데 그중 하나가 평준화에 관한 농담이다.

　사실 평준화라고 하는 말은 우리나라의 교육열에서 비롯된 말이다. 좋은 학교에는 계속 좋은 학생들이 몰리고 그렇지 못한 학교는 계속 뒤처지고. 그래서 궁여지책으로 만들어 낸 것이 평준화인데 이 평준화로 인하여 야기된 문제가 또 심각하게 고민해야 할 지경에 이르렀으니 이제 반대로 비평준화를 시도해보아야 하지 않을까?

　아무튼 평준화에 관한 농담은 신기할 것도 없는 묵은 농담이 되었지만 내가 그 농담의 주인공이 될 만한 나이가 되고 보니 이것이 단순한 농담이 아니고 예리할 만큼 사실을 빗댄 이야기라는 것이 피부로 느껴질 때가 많다.

사람은 나이 오십이 되면 일단 미모의 평준화가 일어난다는 사실. TV를 보고 있자면 "젊었을 땐 그리도 예쁘더니 늙으니까 그저 그러네." 하는 느낌을 주는 배우가 있다. 물론 그 반대의 경우도 있어서 나이 들수록 품위를 더해감으로써 보기 좋은 노인의 모습을 지니는 배우도 있다. 이들 가운데 과거에 누가 더 아름다운 외모를 지녔었는지 구분이 안 되는 경우가 많지 않은가.

내 주변에도, 아니 멀리 갈 것도 없다. 나에게는 다섯 살 위인 언니가 있다. 언니는 내게 엄마 같은 존재다. 나이가 모자란 채로 초등학교에 입학한 탓인지 어릴 때부터 이상하리만치 나이에 비해 야물지 못한 나는 무슨 일에든지 언니를 의지했다. 기회만 되면 늘 언니를 따라다녔다. 지금 생각하면 그 당시 어른 중에는 아이들의 마음을 전혀 헤아리지 않고 말씀하는 분이 참 많았던 것 같다. 언니와 내가 함께 있을 때면,

"자매인가 보네! 그런데 동생이 훨씬 예쁘네, 피부도 희고."

어릴 때부터 늘 그런 말을 들어서인지 나는 별로 느낌이 없었다. 그냥 그런가 보다 하면서 특별히 기쁘거나 우월감을 느끼지도 않았다. 또한 그 소리를 듣는 언니가 기분이 안 좋겠다는 생각도 못 했었다. 그런데 내 나이 쉰이 넘어서면서부터 상황

은 역전되기 시작했다. 우리 둘이 다니면,

"누가 언니세요?" 하고 묻는다.

'아니, 그럼 내가 내 나이보다 다섯 살이나 많게 보인단 말인가?' 거기에 한술 더 떠서,

"언니 되시는 분 참 고우시네요." 하는 것이 아닌가! 처음으로 그 소리를 들었을 때 나의 충격은 참으로 컸다. 그런 일을 겪으면서 비로소 어릴 때 언니의 기분이 어땠을까도 생각해보게 되었다. 어린 나이에 참 감당하기 어려운 상처였을 텐데도 언니는 한 번도 동생인 나를 질투하거나 미워하지 않았다. 서글픈 느낌과 함께 공연히 어릴 때 언니에게 무언가 내가 잘못한 것 같은 미안한 생각이 들었다.

나이가 더욱 들어가면서는 이제는 모든 면에서 평준화가 이루어진다. 학식 면에서도 건강 면에서도 누가 누구보다 낫다 못 하다 할 것이 못 된다. 대학을 졸업한 후 줄곧 대학병원 임상병리과에서 40년 가까이 일해 온 친구가 들려준 이야기다. 환자복을 입고 병상에 누워있는 노인들은 누구나 다 애달픈, 늙고 병든 환자일 뿐이라고. 과거에 무엇을 했느냐 하는 것은 아무런 의미가 없더란다. 한평생 고고한 학자로 손꼽히던 분들도 재산이 많기로 소문난 부자도 미모를 뽐내던 사람들도 예외는 없다. 고통으로 괴로워하는 모습이라든가 삶에 대한 애착으로 힘들어하는 모습은 평생을 힘들고 가난하게 살아온 노동

자나 이름 한 번 내본 적 없는 필부의 그것과 조금도 다르지 않다고 했다. 그러한 환자들을 대할 때 자신의 앞날에 대해서도 많은 것을 생각해보지 않을 수 없노라 했다.

그러면 이 평준화의 물결에 나도 힘없이 휩쓸려 가 버리고 말 것인가. 누구라고 예외가 있을 수 있을까. 세월 앞에 장사 없다는 진리는 분명 나에게도 해당되는 것이거늘.

그래서 나는 부지런히 글쓰기를 배우고 쓰고 싶은 소재로 아름다운 글을 쓰려 한다. 내게는 미지의 세계였던 문학에 이제 막 첫발을 디뎠으니 문학적인 깊이가 남만 못한 것은 당연한 일일 터. 그러니 미리 겁먹거나 기죽지 않기. 철학적인 깊이도 남만 못하고 박학다식하지도 못하니 남들보다 더 노력해야겠지. 내 삶이 평탄하여 글에 긴박감이 부족할 테니 평범한 것도 비범하게 표현할 수 있도록 애써보자. 나만이 경험한 잔잔한 이야기도 다른 사람들의 것과 구별되는 글이 되도록 노력하자. 노력하면서 충분한 시간이 지나면 나도 주옥같은 글을 쓸 날이 오리라 기대하며 게으름 부리지 않기로 다짐해본다.

먼 훗날 언젠가 나는, 내 육신은 다른 모든 사람과 다름없이 세월의 흐름을 타고 흘러가버린다 해도 내가 남긴 글들은 그 어떤 것과도 섞여서 평준화되지 않고 남아있으리라 믿으며 오늘도 서툴지만 쓰다 지우다를 반복해 본다.

(2011년 5월)

아버지의 넓은 등

 아버지가 계신 청하공원에 다녀왔다.

"아버지~ 아버지~."

파란 하늘을 올려다보며 조그만 소리로 아버지를 불러보았다. 길가의 코스모스가 내 마음을 알까? 하늘대는 꽃들은 아무 슬픔도 없어 보인다.

"아버지가 아무래도 오래 못 버티실 것 같다. 매우 위중하셔." 언니의 전화였다.

그럴 리가 없다. 한 달 전 남편과 함께 아들이 공부하고 있는 미국으로 오기 전에 아버지를 찾아뵈었을 때, 그때만 해도 아무 염려 없으니 마음 놓고 다녀오라고 웃으시던 아버지였는데.

"아버지! 저 왔어요. 아버지 둘째딸 수옥이요. 알아보시겠어요?"

아버지의 눈동자가 미세하게 흔들리며 알았다는 신호를 하셨다. 아버지는 의식이 없는 상태로 눈을 뜨신 채 가쁜 숨을 몰아쉬고 계셨다. 체격이 참 좋은 분이셨는데 한 달여 만에 어쩌면 그렇게 뼈와 가죽만 남았는지. 사람의 가는 길이 어떤 것인지 모르던 나는 너무나 놀라 그저 눈물만 쏟아졌다. 우리시대 아버지들이 대부분 그러하셨듯이 아버지는 엄한 분이셨다. 속마음을 내비치는 적이 없으셨다. 나는 철이 든 후로 아버지 품에 안겨본 기억이 없다. 난생 처음 아버지의 뺨에 내 뺨을 대어보았다. 아직 온기가 남아있던 아버지의 뺨. 그것이 내가 평생 처음이자 마지막으로 느낀 아버지의 살결이었다. 아버지는 나를 기다리시느라 눈을 감지 못하셨던 것 같다. 여섯 남매 모두 다 눈 속에 그려 넣고 가시고 싶었나 보다. 한 번 눈을 감아버리면 다시는 뜨지 못해 달려오고 있는 둘째딸을 못 본 채 가시게 될까봐 남은 힘을 다해 눈을 뜨고 계셨다. 얼마나 힘드셨을까. 아버지의 입술이 바짝 말라있었다. 거즈에 물을 묻혀 입술을 축여드렸다. 울고 있는 나를 작은 오빠가 등을 쓸어주며 달래주었다. 동생이 아버지께 말씀드렸다.

"아버지 잠시라도 눈을 감으세요. 계속 뜨고 계시니까 힘드시잖아요. 작은언니도 보셨으니 잠시 눈을 감고 주무세요."

동생이 아버지의 눈을 감겨드리는 순간 아버지는 이생의 끈을 완전히 놓으시고 먼 길을 떠나셨다. 이제 내 자식들 다 보앉으니 가도 되겠구나 그렇게 생각하셨던 것이리라. 가슴이 찢어지는 아픔이라는 것. 그것이 어떤 것인지 난 그때서야 처음으로 알게 되었다.

나는 어릴 때부터 유난히 몸이 약하고 툭하면 넘어지기도 잘하고 다리가 아파 고생한 적이 많았다고 한다. 실제로 다리가 아팠던 기억은 잘 나지 않지만 엄마와 아버지가 내 걱정을 많이 하시며 혹시 각기병에 걸린 것이나 아닐까 염려하며 늘 팥밥을 지어주시던 기억이 난다. 게다가 우리가 시골에 산 것도 아닌데 집 가까이에는 학교가 없었고 버스를 타면 예닐곱 정거장은 가야하는 거리였지만 아침 출근시간에 붐비는 버스를 타는 것이 불가능했으므로 부모님은 우리를 지름길로 걸어 다니도록 시키셨다. 어리고 약한 내 다리에 그 거리가 무리였었나 보다. 거기에 더해 지금 추측해보건대 아마 학교에 가기 싫은 날 특히 다리가 아프다고 울며 떼를 썼던 것이 아니었나 싶다. 그런 날이면 출근 준비를 마치신 아버지는 아무 말씀 없이 넥타이를 맨 정장차림 그대로 나를 업고 집을 나서곤 하셨다. 아무리 몸이 마르고 약했다고는 해도 여덟 살이면 학교까지 삼십 분 남짓 업고 가는 일이 쉬운 일은 아니었을 텐데도 아버지는 단 한 번도 힘드니까 쉬었다 가자고 하신 적이 없다. 시간을 절약하기 위해서였을까 아버지는 아이들끼리 다니는 넓은 길이 아닌 산길을 택하셨다. 그 산길. 나는 아직도 아버지의 등에 업혀 바라보던 그 산길이 눈에 선하다.

봄이면 파릇파릇 나뭇잎들이 아침햇살을 받아 빛났다. 아버지의 등에서 나던 담배 냄새와 어우러진 찔레꽃 향기를 나는 아직도 기억하고 있다. 여름엔 아카시아 향기와 개울물이 불어나 철철 흐르던 소리. 가을의 단풍잎 사이로 비쳐들던 붉은 햇살. 산길 여기저기 살던 가난한 사람들의 오두막집 지붕위로 청명하게 푸르던 하늘. 그리고 아버지의 등은 언제나 넓고 푸근했다.

눈이 쌓인 겨울, 미끄러운 산길을 피해 버스를 태워주신 적이 있다. 차장(車掌)이 뱃심으로 사람들을 밀어 넣으니 키가 작은 나는 숨쉬기조차 어려웠다. 아버지는 "이래서 너희들을 걸어 다니게 하는 거란다." 하시며 힘을 다해 두 팔로 울타리를 쳐서 그 안에 내가 서있도록 해주셨다. 아버지!

아버지의 깡마른 다리를 만져보았다. 나를 업고 산을 넘으시던 튼실한 다리였는데 어쩌면 이렇게 되셨나요. 이렇게 굽고 볼품없이 앙상한 등이 내가 업혔던 그 넓고 푸근했던 등이 맞나요. 내게, 우리들에게 생명을 주시고 아흔이 되도록 평생 울타리가 되어주시고 이제 더 이상 남은 것 없이 기진하셨군요. 이름 모를 호스들이 아버지의 몸 여기저기 연결되어있었지만 나는 몸을 숙여 그대로 아버지를 내 품에 안아보았다. 아니, 안겨보았다. 쏟아지는 눈물을 주체하지 못한 채 아버지께 한 번도 들어본 적 없고 나도 해드린 적 없는 말씀을 처음으로 아버지의 귀에 대고 속삭였다.

"아버지 사랑해요. 그리고 존경합니다. 아버지의 딸이어서 참 자랑스러웠어요."

아버지가 가신 지도 어느덧 8년. 청하공원을 빠져나오는 길 양쪽으론 갈밭에 잘 익은 벼들이 바람이 부는 대로 이리저리 가을 허공을 쓸고 있었다. 무성하던 나뭇잎들은 앞서거니 뒤서거니 제 갈 날이 멀지 않았음을 눈치 챈 듯 서로 작별 인사를 나누느라 바쁜 몸짓을 하고 있었다.

(2014년 1월 22일)

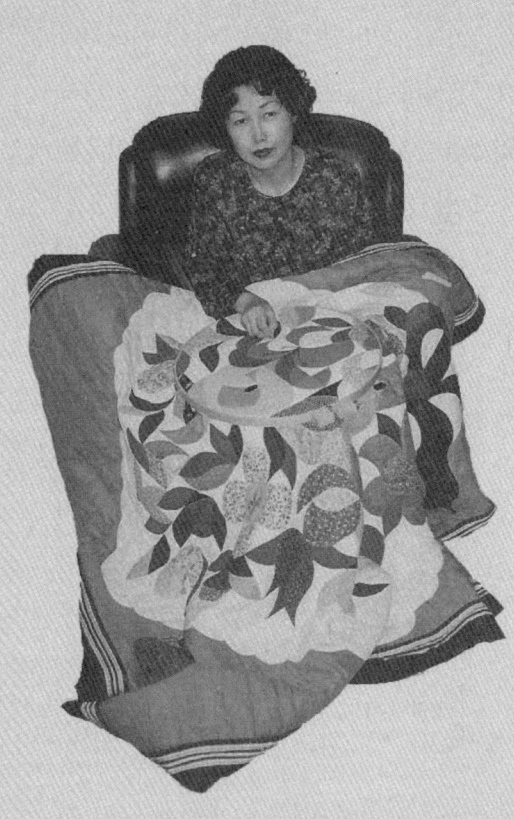

4.
프린스턴행 기차

불필요한 준비성
디즈니월드 여행
프린스턴행 기차
반짝이던 그 가을의 추억
내 친구 메리엘렌
영어교실의 친구들
보물찾기

불필요한 준비성

나는 6·25전쟁이 일어나던 해 6월 초에 태어났다. 내 위로 두 오빠와 언니, 그리고 갓난쟁이 나까지 넷을 쪼르르 데리고 피난생활을 하셔야 했던 우리 부모님의 고생을 우리가 어떻게 다 짐작인들 할 수 있을까.

내가 초등학교에 입학한 것이 1956년 봄이었으니 전쟁이 끝난 지 불과 3년 정도 지났을 때였다. 경제적으로 궁핍한 나라에 태어나 학용품조차도 넉넉하지 못했던 우리가 아니었던가. 게다가 있는 학용품도 얼마나 질이 나빴던지 연필은 부러지기 일쑤요 지우개로 지우면 깨끗이 지워지기는커녕 시커멓게 자국이 남거나 오히려 공책장이 찢어져 버렸다. 물자도 넉넉하지 못했기 때문에 돈을 가지고도 마음대로 물건을 살 수 없어서 아마 우리 엄마는 내 동생을 등에 업고 동사무소에서 나눠주는 배급물품을 타러 다니셨던 것 같다.

그리고 배급 타기는 가끔 학교에서도 있었다. 그중에 기억나는 것이 분유 배급이다. 지금 우리나라가 아프리카 난민들이라든가 전쟁을 겪고 고생하는 나라에 구호물품을 전해주듯이 그때는 미국으로부터 여러 가지 구호물자가 들어왔다. 그중에 한 가지가 당시 우리나라에서는 구경하기조차 힘들었던 분유였는데 큰 드럼통에 하나 가득 들여와 초등학교 학생들에게 영양 보충하라고 나누어 주었었다.

1학년 때 일이다. 분유 배급이 있기 전날에는 선생님이 내일은 각자 종이봉투를 하나씩 만들어 오라고 했다. 다음 날 수업이 다 끝나고 나면 선생님은 학생들을 한 줄로 서게 하고서 커다란 드럼통에 담겨있는 분유를 줄을 선 순서대로 각자 만들어 간 봉투에 담아주었다. 그런데 문제는, 앞사람부터 퍼주다가 그만 드럼통이 비어버리면 뒤쪽에 서 있던 아이들은 닭 쫓던 개 지붕 쳐다보듯이 허무하게 그냥 빈 봉투를 들고 돌아갈 수밖에 없었다. 그러니 배급날 줄서기는 어떻게 해서라도 조금이라도 앞쪽에 서려고 야단법석이 될 수밖에. 이 밖에도 물자는 부족하고 인구는 많다 보니 눈치 빠르게 행동하지 않으면 국물도 없는 경우를 허다하게 겪으며 우리 세대는 자랐다.

게다가 형제가 많았던 우리 집은 또 어떠했나. 엄마가 고구마라도 한 솥 쪄놓으셔도 먼저 온 오빠들이 다 먹어버리면 나중에 도착한 나나 내 동생들은 그저 입맛만 다실뿐 별도리가 없었다.

이렇게 자라다 보니 어느새 우리는 내 것을 챙기는데 게을리해서는 살아남지 못한다는 진리(?)를 스스로 터득하게 되었다.

지금부터 35년 전 여름, 근무하던 대학에서 첫 안식년을 맞은 남편을 따라 네 살 된 딸을 데리고 처음 미국에 갔을 때의 일이다. 7년 만에 다시 모교에서 연구하게 된 남편은 하고 싶었던 연구를 마음껏 할 수 있어서 즐거워했다. 나는 처음으로 겪는 미국에서의 생활이 신기해 나름대로 열심히 새로운 환경에 적응해 나갔다. 지금이야 우리도 미국에 버금갈 만큼 잘사는 나라가 되었으니 그곳에 간다고 특별히 신기한 것도 없다. 하지만 그때만 해도 미국은 우리보다 훨씬 선진국이었으므로 우리나라에서는 볼 수 없었던 편리하고 신기한 물건들이 많아 감탄할 때가 자주 있었다.

다행히 그곳은 유학생이 많고, 따라서 유학생 부인들도 많은 마을이라 외국 부인들을 위한 영어교육프로그램이 잘 되어 있었다. 눈이 휘둥그레질 만큼 많은 자료를 쌓아놓고 공부하겠다는 학생들에게는 모두 무료로 제공해주었다. 통학버스도 집 앞까지 태우러 오고 태워다 주곤 했다. 원하면 공부하는 동안에 아기들을 돌봐주기도 했고 모든 것이 풍족하고 큰 나라라는 실감이 났다.

어느 날 영어를 배우고 있던 학교에서 공부가 끝나면 모닝

롤 굽기 실습이 있으니 원하는 사람은 참가하라고 했다. 새로운 환경에서 더욱 많은 것을 배우려고 마음먹은 나는 물론 빵 굽기에 참가했다. 각자에게 밀가루가 나누어지고 설명에 따라서 반죽을 했다. 먼저 빵 모양을 빚은 사람부터 오븐에 넣고 굽기 시작했다. 오븐의 수는 몇 개 안 되어서 반죽을 빨리 못한 사람은 앞의 사람의 빵이 다 구워질 때까지 기다려야 했다. 모두 웃고 떠들며 여유 있게 기다리고 있었다. 빵이 다 구워진 사람은 비닐봉지가 담긴 상자에서 봉지를 꺼내 자기가 만든 빵을 담아 앞서거니 뒤서거니 그 자리를 떠났다.

그 당시만 해도 우리나라에는 아직 오븐은 물론 음식을 담는 비닐봉지도 없던 때였다. 집 앞 구멍가게에서 과일이나 과자 등을 사면 신문지나 밀가루 포대를 잘라 풀로 붙여 만든 봉지에 담아주던 그런 때였다.

내가 오븐을 쓸 수 있는 차례는 아직도 멀었다. 그런데 가만히 보니 앞사람들이 봉지를 다 꺼내 가면 내 것을 넣어갈 봉지가 남을 것 같지 않았다. 그 순간 내 영리한 머리가 활발하게 움직였다. 나는 얼른 비닐봉지가 담긴 상자로 다가가 내 것을 챙겼다. 그런데 이상했다. 비닐봉지가 모자랄 것이 뻔한 데도 다른 학생들은 봉지 챙길 생각은 하지 않는 것 같았다. 내 추측대로 봉지는 몇 사람 더 안 가서 다 떨어져 버렸다. 나는 그들보다 똑똑한 것에 만족하며 혼자서 빙그레 웃었다.

그때였다. 학교생활에 능숙해 보이는 어떤 흑인 학생이 상자를 보더니 "어, 다 썼네." 하면서 아무렇지도 않다는 듯 빈 상자를 쓰레기통에 툭 던져 넣고는 싱크대 문을 열었다. 깜짝 놀랐다. 그곳엔 비닐봉지 상자가 잔뜩 쌓여 있었다. 순간, 나는 얼굴이 확 달아오르고 등에서는 식은땀이 났다. 비닐봉지 몇 개를 열심히 붙들고 있던 내 모습을 모든 사람이 비웃으며 불쌍히 여기며 보는 것 같았다. 쥐구멍이라도 있으면 들어가고 싶은 심정이 아마 이런 것이리라.

이곳이 미국이라는 것을, 가난한 나라 한국이 아니라 부자나라 미국이라는 것을 잠시 잊고 있었다. 모든 것이 풍족하여 줄 설 필요도 없고 미리미리 자기 것을 챙기지 않아도 내 앞에서 물건이 떨어져서 못 받는 그런 일 따위는 없는 곳임을.

버스를 타고 집으로 돌아오면서 나는 가난한 나라에서 자라면서 형성된 내 모습에 얼마나 마음이 아팠던지. 어쩔 수 없이 형성된 내 준비성에 비애감마저 느끼면서 정말 울고 싶었던 하루였다.

그로부터 30여 년이 지난 지금 세계가 놀랄 만한 발전을 이룩한 내 조국. 이제 우리 자녀들은 세계 그 어느 곳에 가더라도 당당할 수 있음이 감사하다.

(2011년 가을)

—《수필시대》 2011년 〈전쟁을 겪은 민족의 비애감〉으로 실림

디즈니월드 여행

버지니아에서 일 년간 살던 때, 겨울로 접어들어 날씨가 추워지고 있었다. 휴가 기간에 아이들과 함께 플로리다 주에 있는 디즈니월드에 놀러 가기로 했다.

미국 여행사를 따라가는 4박 5일의 일정이었다. 버스 안에는 우리를 제외한 모든 사람이 미국인인 듯했다. 버지니아의 알링턴으로부터 남쪽으로 내려가면서 기후의 변화를 느낄 수 있었다. 조용히 경치를 감상하며 미국 남동부의 아름다움에 빠져들었다. 넓은 벌판을 가로질러 갈 때는 킨타 쿤테의 《뿌리》에서 읽은 이야기가 생각나며 흑인 노예들의 고단했던 삶에 애잔한 마음이 들기도 했다. 몇 군데서 쉬기는 했어도 거의 열 시간을 달려 저녁에 플로리다 주 올란도에 도착하여 여행이 시작되었다. 가이드가 따로 있지는 않았고 운전사가 예정지에 내려주고는 몇 시까지 오라는 이야기만 해주었다.

둘째 날 디즈니월드에 입장했다. 휴가철이라 가는 곳마다 인산인해를 이루고 있었다. 그렇게 긴 줄서기는 난생처음 보았다. 조금 인기가 있는 곳이면 꼬불꼬불한 줄에 서서 한 시간은 기다려야 내 차례가 되는 것도 있었다. 요즈음 다녀온 사람들의 이야기를 들어보면 특급표가 있어서 한 사람당 50불 정도 비싼 표를 사면 기다리지 않고 바로 들어갈 수 있게 해주는 제도가 생겼다고 하지만 20년도 더 전이던 그때는 무조건 기다릴 수밖에 없었다. 잠깐의 즐거움을 위해 긴 시간 서 있어야 하는 것이 싫었으나 여기까지 와서 이것도 한 번 못해보고 가면 안 되지 라는 생각으로 우리도 열심히 기다렸다.

나와 남편은 미국에 와서 아이들을 기쁘게 해줄 수 있는 것이 마음 흐뭇했다. 한국에서는 경험해볼 수 없는 것들을 이곳에서 많이 할 수 있게 해주어야겠다 생각하며 아이들이 즐거워하면 우리도 따라서 즐거웠다. 프로그램을 열심히 연구하여 아이들에게 유익한 것을 찾아다녔다.

"아, 저거다! 아빠 나 저것 탈래요." 6학년 아들이 가리킨 것은 우리나라 놀이공원에서도 얼마든지 탈 수 있는 공중에서 빙 도는 단순한 비행기 타기였다. 그것은 전에도 자주 탔었고 굳이 이곳에서 탈 필요가 있겠느냐고 타일렀으나 아들은 고집을 부렸고 남편은 부모의 마음을 알아주지 않는 아들에게 화가 나고 말았다. 벌게진 아빠의 얼굴과 시무룩해진 아들의 얼굴. 사실 나도 아들이 답답하다고 느끼고는 있었다. 그렇지만 가족여행이 이렇게 무거운 분위기여서는 안 되는 것 아닌가.

"애들아, 여기서 잠깐 둘이 구경 좀 하고 있어라."

하고 남편을 울창한 나무 뒤로 잡아끌었다.

"여행와서 이런 분위기를 만들면 어떻게 해요? 이곳에 우리가 즐겁자고 왔나요? 애들 위해서, 애들에게 즐거운 추억을 만들어주려고 왔잖아요. 당신은 그 비행기가 하찮은 것으로 보일 테지만 저 아이한테는 무엇보다 재미있게 느껴질 수도 있는 거잖아요. 나도 신기한 것들 수도 없이 많은데 그것을 고집하는 녀석이 마음에 안 들기는 마찬가지예요. 하지만 우리가 양보합시다. 우리들의 눈높이로 생각지 말고 애들이 즐거워하는 것을 하도록 해줍시다. 응, 여보!"

남편은 내리깔았던 눈을 들면서 웃었다.

"알았소. 그렇게 하리다."

남편은 웃으며 아들을 데리고 비행기를 태워주러 갔다. 그 이후로 우리의 여행은 참으로 즐거운 것이 되었다. 남편은 먼저 아이들에게 관람할 것에 대해 설명해주며 의견을 물었고 그런 아빠의 성의에 아이들은 매번 "네, 좋아요!"로 호응해주었다.

너무 오래전 일이라 내용까지 상세히 기억에 남아있지는 않으나 아, 정말 신기하다. 이래서 미국을 선진국이라고 하는구나 할 정도로 강한 인상을 받은 것이 몇 가지 있다. 관람석 전체가 무대를 중심으로 돌며 새로운 장면을 보던 일. 화면 속에서 관중석으로 정말 물이 튀어나오던 일. 관람석이 3차원으로 움직이며 우주여행을 하던 일 등등. 그리고 유니버설 스튜디오에서 보았던 모세의 기적과 상어의 공격. 수족관에서 보았던 조련사의 재치. 그리고 잊지 못할 화려한 불꽃놀이. 사흘간 마음껏 즐겼다. 그렇다고 이것으로 플로리다로의 여행이 끝난 것이 아니었다.

돌아오는 길. 아열대 지역의 따듯한 아침 햇살을 받으며 올랜도에서 출발한 버스는 플로리다의 야자나무가 늘어선 길을 따라 북쪽으로 올라가기 시작했다. 조지아 주도 춥지 않은 날씨여서 겨울이라는 느낌을 받지 못했다. 사우스캐롤라이나를 지나 노스캐롤라이나로 들어서서 한참을 올라오자 바깥 풍경이 가을로 그리고 겨울로 바뀌기 시작했다. 이제 두세 시간만 더 가면 우리가 사는 버지니아의 알링턴에 도달할 수 있겠다 싶을 때쯤 하늘이 회색으로 바뀌며 눈이 쏟아지기 시작했다. "와! 눈이다." 사람들은 여행 끝에 만나는 눈을 더할 수 없이 반가워하며 환호했다. 우리 아이들도 "몇 시간 안에 사계절을 다 경험하네요." 하면서 신기해했다. 눈 쏟아지는 길을 달리는 즐거움. 아침에 보았던 야자수가 꿈이었나 싶었다.

미끄러운 길 때문에 차량정체가 있었으나 버스의 속력이 늦어져도 경치를 여유롭게 감상할 수 있으니 별로 나쁘지 않았다. 눈이 엄청나게 쏟아지는데 북쪽에는 이미 많이 쏟아져 있던 모양이다. 겨울의 짧은 해가 어느새 지면서 모든 차가 라이트를 켠 채 3, 4열로 늘어서서 움직이지를 않는다. 가로등을 휘감으며 쏟아지는 함박눈. 쭉 뻗은 고속도로에 끝도 없이 늘어선 차량들을 구경하는 것도 즐거움이었다. 고생스러운 눈길을 능숙하게 헤치며 목적지까지 데려다 준 운전사에게 승객들은 모두 박수와 팁을 아낌없이 주었다. 예정보다 너무 늦은 시간에 귀가하여 밤참으로 저녁을 대신했으나 아무도 불평하지 않았다. 타국에서의 생활 가운데 아주 귀한 경험으로 닷새를 꽉 채운 아름다운 가족여행. 우리 네 식구의 뇌리에 영원히 남아있을 것이다.

(2011년 12월)

프린스턴행 기차

나에게는 평생 스승이 몇 분 계시다. 인생을 살면서 한 분의 평생스승만 계셔도 행복하다고 하는데 나는 얼마나 행복한 사람인가.

옛날 중·고등학교 시절 6년 중에 두 번이나 나의 담임 선생님이셨고 5년을 국어 과목(국어, 국문법, 한문, 고전 문학 등)을 가르치신 선생님이 계시다. 내가 대학을 들어가던 해에 선생님도 같은 대학의 교수로 오셨다. 그러니 같은 교정에서 그 선생님께 배우고 사랑받으며 지낸 세월이 10년이 넘고 나는 한 여성으로서 인간으로서 어떻게 살아야 하는가를 모든 면에서 훌륭하신 그 선생님 곁을 지키면서 바르게 배울 수 있었다.

그러나 결혼하고 졸업하고 아기를 낳고 정신없이 지내는 사이 선생님은 자칭, 타칭 수제자이며 애제자인 내게 알리지도 않고 미국으로 떠나셨다. 나는 수소문 끝에 선생님이 계신 곳을 알아내어 다시 스승과 제자로서의 인연, 그 소중한 인연을 이어갈 수 있었다.

남편의 두 번째 안식년으로 우리 가족은 버지니아의 알링턴에서 일 년을 살았다. 우리 집에서 선생님이 사시는 뉴저지의 프린스턴까지는 그리 먼 거리가 아니라서 몇 번 선생님 댁에 놀러 간 적이 있다. 워싱턴 DC의 유니언 역에서 기차를 타면 두 시간 남짓 걸리는 거리였다. 문제는 프린스턴 정션역이 작은 역이라서 대부분의 기차는 그냥 통과하기 때문에 기차 시간표를 잘 보고 타야 하는 불편이 있었다.

남편과 아이들을 남겨두고 2박 3일 여행하겠다고 주부가 혼자 집을 나서는 것은 쉬운 일이 아니다. 미리 집안에 챙길 일을 다 챙기고 세 식구 먹을 반찬도 다 마련해 놓은 다음 밥솥은 저녁때 되도록 예약해 놓은 후에야 집을 나서 남편의 배웅을 받으며 유니온 역에서 기차를 탔다. 이번에도 남편은 몇 번을 당부했다.

"혹시라도 프린스턴 역을 놓치면 절대 안 돼요. 그대로 가면 뉴어크니까 정신 차리고 있다가 꼭 프린스턴에서 내려야 해요. 그리고 도착하면 즉시 집으로 전화하는 것 잊지 말고."

미국에서 남편이 옆에 없이 여행하는 일은 선생님 댁을 방문할 때뿐이었으니 아마도 혼자 나들이로는 그때가 두 번째였을 것이다. 몇 달 전에 아무 문제 없이 여행하고 돌아왔으니 이번에야말로 더 자신이 있었다. 자리에 앉아서 느긋한 마음으로 창밖을 내다보기도 하고 책을 읽기도 했다. 프린스턴 정션 역이 가까워져 오면서 혹시라도 내릴 역을 놓칠세라 온 신경을 안내 방송에 집중했다. 그런데 참 이상하다. 왜 방송을 안 하는 것일까? 가방을 들고 자리에서 들썩거리며 내릴 준비를 하는데 어머나, 이 기차가 지난번에 나를 내려줬던 낯익은 그 역사를 그냥 지나쳐 가버리는 것이 아닌가! 가슴이 철렁 내려앉았다. 내가 기차를 잘못 탔나? 아니, 그럴 리가 없어. 그이가 확인까지 해주었는데. 여기서 못 내렸으니 나는 이대로 뉴어크까지 가는 건가? 그럼 그곳에선 어떻게 해야 하지? 더군다나 곧 밤이 될 텐데. 머릿속이 하얘지며 어찌해야 좋을지 두렵고 판단이 서질 않았다. 둘러보니 주변에 몇 명이 '무슨 일이지?'하는 표정으로 서성였다. 가까이에 여대생쯤으로 보이는 금발의 아가씨가 같은 상황인 것으로 보였다. 나는 얼른 그 아가씨 곁으로 갔다.

"이 기차 프린스턴 역에 서는 것 맞죠?"

"네 맞아요. 나도 지금 이상해서 이러고 있어요. 댁도 프린스턴에 가세요?"

"네, 나는 이곳 방문이 처음이라서요. 좀 도와주세요." 나는 다급한 김에 초행길이라고 말해 버렸다.

"걱정하지 마세요. 지금 사람들이 무슨 상황인지 알아보고 있으니 곧 조치가 있을 겁니다. 도와 드릴 테니 제 곁에 계세요." 나는 구세주를 만난 듯이 반가웠다. 이야기하는 동안에도 기차는 쉬지 않고 달렸다. 잠시 후 안내방송이 나왔다. 기관사가 이 열차가 프린스턴에 정차해야 하는 열차라는 것을 깜빡 잊고 그냥 통과했다는 것이다. 세상에, 이런 일이! 세상에 이런 일도 있구나. 물론 열차를 뒤로 되돌릴 수가 없겠지. 보통 때는 그 지역의 지하철만 서는 역에서 세워 줄 테니 내려서 반대방향 지하철을 타고 프린스턴 정션역으로 가라나. 나는 안도의 숨을 쉬면서도 진정되지 않는 가슴으로 '아, 어떻게 미국이란 나라에서 이런 일이 일어날 수 있는 것일까!' 속으로 이 말만 되풀이하고 있었다. 아무튼 나는 그 아가씨의 친절로 무사히 프린스턴 정션역으로 돌아올 수 있었다. 짧은 가을 해는 어느덧 뉘엿뉘엿 지고 어둠이 내리고 있었다.

그 사이 두 집에서는 난리가 났을 것은 뻔한 일이다. 나를 만나겠다고 펜실베이니아의 앨런타운에서 선생님 댁에 미리 와서 기다리고 있던 고등학교 때의 친구가 선생님과 함께 마중을 나왔는데 기차는 서지도 않고 지나가 버렸고 그 후로는 기다려봐도 역에 서는 기차는 더 없고. 일단 선생님 댁으로 돌아가 워싱턴의 우리남편에게 확인 전화를 했겠다. '분명히 그 기차를 탔습니다.'라고 남편은 힘주어 답을 했을 것이다. 남편은 내가 내릴 역을 놓치고 뉴어크까지 간 줄 알고 그만 놀라서 좌불안석으로 마음을 졸이고 있었을 것이다. 나는 선생님 댁에 도착하자마자 집으로 전화했다. 남편도 '어찌 그런 일이!' 하면서 태연한 척 잘 놀다 오라며 별로 걱정하지 않는 듯했다. 그러나 나중에 집에 돌아와서 들으니 딸의 이야기는 전혀 달랐다.

"엄마, 엄마가 전화하시기 전에는 아빠가 내내 서성이면서 식사도 못 하고 계셨어요. 엄마의 전화를 받으시더니 수화기를 놓자마자 소파에 쓰러지듯이 누우시면서 '어휴, 다행이다. 다리가 후들거려 서 있을 수가 없네. 애야, 나 물 좀 다오.' 하셨어요. 엄마한테 무슨 일이 있을까 봐 얼마나 애를 태우셨다고요."

요즘처럼 휴대폰이 있었다면 많은 사람을 애태우게 하지 않아도 됐으련만. 어쨌건 우리는 선생님을 모시고 오랜만에 밤이 새는 줄도 모르고 그동안 쌓였던 이야기로 회포를 풀었다. 아무나 할 수 없는 참 별난 경험을 한 프린스턴으로의 기차여행은 그래서 더욱 내 기억 속에 아름답게 남아있는 것인지도 모르겠다.

(2011년 겨울)
—《프린스턴 한겨레문화》 20주년 기념 제3호

반짝이던 그 가을의 추억

어느 때부터인가 우리나라는 과실수 키우기를 하면서 밤나무를 많이 심기 시작했다. 고속도로를 달리다 보면 창밖으로 보이는 산에는 봄이면 밤나무 꽃이 만발해서 산을 희게 무늬 놓고 가을이면 많은 사람들이 밤 줍기에 나선다.

 서울 태생인 나는 남편을 따라 처음 미국에 가서 살던 때까지 밤을 주워본 일이 없었다. 결혼한 지 4년째 되던 해 여름, 그이가 첫 번째 안식년을 맞아 미국의 일리노이대학에 연구교수로 가게 되어 평화로운 대학도시, 어바나―샴페인에서 일 년을 살았다. 어린 딸과 함께 낯선 곳에서 지내면서 내가 경험한 새로운 일들은 참으로 많다. 그리고 그것들은 고스란히 아름다운 추억이 되어 지금까지도 내 삶을 풍요롭게 해주고 있다.

 우리는 학생들과 교직원들을 위해 마련된 아파트에서 단출하게 새 생활을 시작했다. 아파트라고는 하지만 넓고 넓은 땅에 지은 2층짜리 건물들이 옹기종기 모여 있는 아늑하고 아름다운 곳이었다. 필요한 물건들을 사고 자리를 잡고 보니 우리가 도착했을 때 무성하게 푸르르던 나뭇잎들이 어느새 아름답게 물들어가는 가을이 되고 있었다. 졸업 후 7년 만에 다시 모교를 찾은 남편은 열심히 연구에 몰두하기 시작했고 나는 새로운 환경에 적응하면서 그 가을을 보냈다.

아침이면 딸을 데리고 남편을 배웅했다. 어느 날, 그날도 역시 남편에게 손을 흔들어 배웅하고 뒤돌아 들어오려는데 '반짝' 하고 무언가 눈에 뜨이는 것이 있었다. 저게 뭘까? 나는 딸의 손을 잡고 그곳으로 다가갔다. 끝없이 펼쳐진 들판 한 귀퉁이에 아름드리 밤나무가 있었다. 아침 이슬에 젖은 잔디 위에 갈색으로 반짝거리는 밤들이 떨어져 있었다. 처음 보는 밤송이 속에 들어있는 알밤들. 참으로 신기했다. 금방 밤송이를 빠져나온 밤들은 얼마나 반들반들 윤기가 흐르는지. 딸아이가 밤송이에 찔리지 않도록 조심시키면서 떨어진 밤들을 주워왔다. 다음 날부터는 아침마다 남편을 보내고 나면 으레 밤을 주우러 딸의 손을 잡고 그곳에 갔다. 이슬에 젖어 촉촉한 잔디 속에서 이른 햇살을 받아 반짝이는 밤들을 찾아내었을 때의 기쁨. 그것이 내가 처음 미국에서 찾아낸 보석 같은 추억이었다.

내 나이 쉰을 막 넘겼을 때 남편이 세 번째 안식년을 맞아

다시 옛날의 그 대학에서 연구하게 되었다. 우리 내외는 젊은 날의 추억을 되새기며 즐거운 마음으로 그곳에서 일 년을 보냈다. 이번에는 그 옛날 첫 번째 안식년을 지내는 동안 임신되었던 아들이 자라서 아버지의 뒤를 이어 같은 대학에서 공부하고 있었다. 이제는 나이도 있고 조금 여유롭게 지내고 싶은 마음에 마당이 있는 타운하우스를 택했다. 상추와 깻잎, 고추, 그리고 토마토 등 텃밭을 일구고 야트막한 담장에는 나팔꽃을 올리고 담을 따라 예쁜 꽃들도 심었다.

우리가 살던 타운하우스에서 길을 건너면 넓은 잔디와 아름드리나무들이 무성한 공원이 있었다. 시간이 날 때마다 공원을 돌며 운동도 하고 철 따라 피어나는 아름다운 꽃들을 구경하는 것이 일과 중 하나였다. 그 해 어느 가을날 공원으로 산책하러 나갔다가 나는 아주 큰 횡재를 하게 되었다. 여러 종류의 나무들 틈에 밤나무가 세 그루나 있는 것을 발견했다. 어머나, 이렇게 반가울 수가 있나. 이번에도 또 그 즐거운 밤 줍기를 할 수 있겠구나. 옛날 일을 생각하면서 문득 딸이 그리워졌다.

며칠을 기다렸다. 그리고 바람 부는 어느 날 드디어 밤송이들이 땅에 떨어지기 시작했다. 바람이 불 때마다 후드득, 툭 소리를 내며 잘 여물어 떨어지는 밤송이들은 떨어지면서 밤들이 튀어나와 별 어려움 없이 알밤들을 모을 수 있었다. 재미있는 것은 미국 사람들은 밤이 먹을 수 있는 열매라는 것을 모르고 있다는 것이다. 그저 가까이에 사는 한국 사람들 몇몇만이 그 즐거움을 나누었다. 그런데 며칠 지나니 밤송이들이 그리 쉽게 떨어지지 않았다. 아마 잘 익은 것들은 대충 다 떨어진 모양이었다.

이제 올가을의 밤 줍는 재미도 이것으로 끝나는가 보다 생각하고 있는데 예상치 못했던 광경을 보게 되었다. 나무를 타고 올라간 다람쥐들이 밤송이를 입에 물고 내려와서는 그 자리에서 밤을 꺼내 앞니빨로 껍질을 까먹는다. 다람쥐들은 도토리가 식량이라고 하던데 미국 다람쥐들은 밤이 도토리보다 맛이 있다는 것을 어찌 알았을까. 아주 영리한 놈들이라 생각하며 따가운 밤송이를 어떻게 물고 오는 것인지 궁금해서 조심스럽게 다람쥐에게 다가가 보았다. 자세히 보니 밤송이의 약간 벌어진 틈으로 입을 디밀어 물고서 내려오는 것이었다. 그런데 밤송이 하나에는 보통 밤톨이 세 개씩 들어있는데 다람쥐는 우선 하나를 꺼내 까먹고 있었다. 신기해서 가만히 보고 있으려니 나를 힐끔 본 다람쥐는 자신을 해치려는 사람이라고 생각했는지 원망스런 눈초리로 노려보다가 밤 한 알을 입에 문 채로 도망가고 만다. 나머지 두 개는 그냥 버려둔 채. 나는 도망가는 다람쥐에게 소리쳤다.

"애야, 겁낼 것 없다. 설마하니 내가 네 먹이를 탐내겠니? 나는 그냥 궁금하고 신기해서 본 것뿐이라고!"

나는 다람쥐의 편안한 식사를 위해서는 얼른 자리를 비켜주어야겠다싶어 주운 밤을 주머니에 불룩 넣어가지고 집으로 돌아왔다. 다람쥐가 놓고 간 것도 집어올까 하는 욕심을 잠시 내지 않은 것은 아니었다. 하지만 인간이 다람쥐 같은 미물의 먹이를 탐낸다는 것이 치사하다는 생각이 들어 그냥 두고 왔다. 나중에 다람쥐가 돌아와서 자신의 먹이가 약탈당하지 않은 것을 보고 기뻐했을까?

　올가을 단풍이 아름답게 물든 아파트 마당에 알뜰장이 섰다. 멍석에 수북이 쌓인 햇밤 위로 붉게 물든 나뭇잎이 떨어진다. 해마다 이맘때가 되면 어린 딸을 데리고 밤을 줍던 젊었던 날이 그리워진다. 거기에 중년 나이에 다람쥐들과 놀며 밤을 줍던 일이 겹쳐지며 입가에는 미소가 번지고 마음이 즐거워진다. 참으로 아름다운 이 계절 나는 나이를 잊고 황금빛으로 물들어 가는 벌판을 달리고 싶다. 아름다운 추억이 있는 곳. 그곳이 두고 온 고향인 양 자꾸 그리워진다.

(2012년 가을)

내 친구 메리엘렌

남편의 세 번째 안식년을 맞아 미국 일리노이에서 생활할 때의 이야기이다. 정착한 지 얼마 되지 않아 메리 엘렌을 처음 만났을 때 그녀는 여든 살이었다. 쉰두 살이었던 나와 비교해서 내 엄마보다도 나이가 많은 분이었다. 한두 살 차이만 나도 형님 아우님을 따지는 우리네 풍습과는 달리 미국에서는 나이에 상관없이 친구로 지낸다. 영어교실의 선생님이 소개해준 할머니였는데 그녀는 우리나라의 실버타운 같은, 노인들을 위한 시설 좋은 아파트에 살고 있었다.

메리엘렌은 은발에 푸른 눈을 가진 체격도 좋은 전형적인 미국 할머니였으며 아주 깔끔하고 품위가 느껴지는 분이었다. 실버타운의 휴게실에서 다른 할머니들과 퀼트(quilt, 조각 잇기와 누비기로 침대보나 벽걸이 등을 만드는 미국의 전통적인 바느질)를 하고 있던 그녀는 처음 보는 나를 반갑게 맞이해주었다. 나도 퀼터

(quilter, 퀼트를 하는 사람)이고 본고장 미국 퀼트에 관심이 있다고 하자 그녀는 스스럼없이 나를 자신의 방으로 데리고 갔다. 자신이 작품을 만들 때 사용하는 재봉틀을 보여주며 퀼트 도구들을 살 때 주의할 점들을 알려주는 등 친절히 대해주었고 나도 엄마 같은 그녀에게 끌려 그날로 마음을 터놓게 되었다. 우리는 누구보다도 다정한 사이가 되어 함께 퀼트 모임에도 나가고 때때로 식사도 같이 하곤 했다. 먼 곳에서 모임이 있을 때면 그녀가 나를 태우고 갔고 내가 아는 가까운 곳이면 내가 그녀를 태우고 다녔다. 나는 그녀의 무거운 재봉틀도 들어주고 그녀가 나이 탓에 순발력이 떨어져 교통 신호를 헷갈릴 때가 있으면 옆에서 조수 역할도 해주었다.

메리엘렌은 서른두 살 때 교사로 근무하던 고등학교에서 자신보다 열두 살 위인 동료교사 러셀을 만나 결혼했다. 10년 후인 마흔두 살 늦은 나이에 딸을 낳고는 직장을 그만두고 자녀 교육에 힘을 쏟으며 틈틈이 퀼트를 해서 그 지역에서는 알아주는 퀼터가 되었다.

외국인을 대할 때면 언제나 한국 사람으로서 좋은 인상을 심어주어야 한다는 생각에 그녀에게 친구로서 최선을 다하는 나와 마찬가지 생각이었을까. 그녀도 내게 최선을 다해 친절하게 대해주었다.

그렇게 좋은 사귐을 가지는 동안 어느새 일 년이 다 가고 우리가 그곳을 떠나야 하는 날이 가까워진 어느 날 그녀는 우리 내외를 저녁 식사에 초대했다. 실버타운에는 그곳에 사는 모든 노인이 식사를 함께할 수 있는 분위기 좋은 식당이 마련되어 있었다. 나와 남편은 그런 초대에 어느 정도의 옷을 입어야 할지 잘 몰라서 망설였다. 고령의 노인들만 모이는 곳에 너무 멋을 내고 가는 것도 어울릴 것 같지 않아서 고심하던 끝에 결국은 예의에 벗어나지 않는 범위 내에서 편안하게 입는 쪽을 택했다.

초대의 답례로 마침 예쁘게 꽃이 피어 있는 카랑코에(kalanchoe, 화초의 이름) 화분을 사가지고 갔다. 환한 웃음으로 맞아주는 메리엘렌을 따라 식당에 들어가는 순간 우리 내외는 깜짝 놀랐다. 아흔두 살이던 그녀의 남편 러셀을 비롯해 대부분 90세 전후의 노인들(드물게는 100세를 바라보는 할아버지들도 있었다.)이 깔끔하게 머리 손질을 하고 정장에 넥타이를 맨 차림에 윤이 나는 구두를 갖춰 신고 있었다. 메리엘렌을 비롯한 모든 할머니들도 화장을 곱게 하고 예쁜 옷에다 거기에 맞는 액세서리까지 완벽한 정장 차림이었다.

자신의 힘으로는 생활하기 어려워 이곳에 의탁하고 지내는 분들이니 어느 정도 칙칙한 분위기일 거라는 내 예상은 완전히 빗나가고 오히려 나와 남편의 차림이 미안할 정도였다. 혹시 그날이 무슨 특별한 날이라서 이렇게들 차려입었느냐고 물어보았으나 그런 것이 아니란다. 그들은 한 끼의 식사를 위해 누가 뭐라지 않아도 스스로 그렇게 자신을 가꾸는 것이라고 했다. 내 나이에도 외출이 없는 날이면 귀찮다고 화장도 제대로 하지 않고 식구들끼리니까 어떠랴 싶어 집에서는 대충 입고 지내는데 이 연로하신 분들이 자신들을 이렇게 건사하는 것이 놀라웠다. 인간의 품위를 지키기 위해 온갖 노력을 기울이는 것이 눈물겨운 한편 그들의 그러한 모습에 내 마음이 경건해졌다. 아, 인간의 존엄성은 남이 지켜주는 것이 아니라 죽는 날까지 스스로 지키는 것이로구나.

식사를 마치고 헤어질 때 메리엘렌은 엄마가 딸을 떠나보내듯이 나를 꼭 껴안아주었다. 자신의 눈에 가득한 눈물은 닦을 생각도 않고 티슈로 내 눈물을 닦아주며 그녀는 말했다.

"수옥, 너와 함께 할 수 있어서 참 행복했다. 너는 내게 참 특별한 친구였어. 부디 나처럼 늙지 말고 건강하게 살아라. 하나님의 은혜로 다시 만날 날이 있기를 기도하마."

귀국한 후에도 내가 편지를 보내면 곧바로 답장을 보내주었다. 그 나이에도 내게 최선을 다해 성실함을 보여주던 그녀였으나 어느 날부터인가 내 편지에 답을 보내오는 시간이 길어지기 시작했다. 다른 친구로부터 메리엘렌이 실버타운을 떠나 양로원으로 옮겼다는 소식을 듣고 다시 안부편지를 보냈을 때는 아주 오랜만에, 거의 일 년 만에 답장이 왔다. 그것도 그녀가 직접 쓴 것이 아니라 딸이 대신 써 준 것에 그녀가 떨리는 손으로 간신히 사인만 한 것이었다. 그리고 얼마 후 그녀의 딸에게서 편지가 왔다. 내게 엄마 같았던 친구 메리엘렌이 여든 여덟 해의 생을 마감했다는 소식과 함께. 딸은 내가 그동안 자신의 어머니와 좋은 친구였던 것에 대해 고맙다고 했다.

"당신은 우리 엄마의 마음 특별한 곳에 자리 잡고 있을 거예요."

메리엘렌은 양로원으로 가면서 모든 물건을 다 포기해야 하는 순간에도 내가 선물한 자그마한 청자 꽃병과 자개 보석함은 품에 꼭 안고 있었다고 했다. 돌아가실 때까지 자신의 방에 두고 때때로 내 얘기를 하며 어루만졌노라고, 그리고 이제는 딸인 자신이 소중히 간직하고 있다고 했다.

이런 날이 오리라는 것을 예상치 못했던 것은 아니었으나 막상 그 소식을 접하니 내 가슴속에 잔잔히 슬픔이 밀려왔다. 메리엘렌의 가슴속에 내가 자리하고 있듯이 내 마음 한켠에도 그녀와의 아름다웠던 일 년이 소중히 간직되어 있다. 우리는 무슨 인연이었을까. 60억이 넘는 사람들 가운데 나는 어떻게 그녀를 만나 우정을 나눌 수 있었던 것일까. 만나고 헤어진 많은 사람 가운데 우리는 국경을 넘고 나이를 초월해서 짧은 시간이었으나 진실로 서로 사랑했음을 느끼며 조용히 눈물을 닦았다.

(2011년 겨울)

영어교실의 친구들

내 나이 오십을 갓 넘겼을 때 나는 두 번째로 일리노이대학이 있는 도시에 갔다. 젊어서 처음 그곳에 갔을 때는 여유가 없어 작은 아파트에 살았었지만, 이번에는 나이도 있고 너무 궁색하게 살고 싶지 않았다. 그래서 마당이 있는 타운하우스를 선택해 나이에 맞게 비교적 여유로운 생활을 시작했다.

젊었을 때는 어린 딸도 돌봐야 했고 운전도 할 줄 몰라 마음대로 내 시간을 즐기지 못했으나 이번에는 달랐다. 25년 만이기는 해도 한 번 살아본 적이 있으므로 길도 익숙하고 운전도 할 수 있으니 나는 완전히 자유부인이었다. 일 년이라는 정해진 시간을 낭비하지 않으려고 서둘러 영어교실부터 찾았다. 두 곳을 선택했다. 한 곳은 교회의 빈 시간을 이용해서 자원봉사자들이 운영하는 곳이었고 다른 한 곳은 시에서 운영하는 성인교육센터였다. 센터의 영어반은 여러 나라에서 온 학생들이 모이는 곳, 그야말로 국제적인 학급이었다. 한국을 비롯해 중국, 동남아, 터키, 러시아, 그리고 남미에서 온 학생들. 나처럼 나이가 든 사람이 있는가 하면 이제 막 결혼해서 공부하는 남편을 따라온 새댁도 있었다. 대부분은 주부들이었지만 중국인 남자도 더러 섞여 있었다.

교회에서 하는 클래스의 선생님은 필리스라는 이름의 백발의 할머니였다. 친절하게 가르치기는 하는데 발음이 명료하지 않을 뿐 아니라 학생들이 외국인임을 고려하지 않고 보통의 속도로 말하니 알아듣기 힘들었다. 반쯤은 알아듣고 나머지는 눈치로 알아차리는 수밖에 없었다. 학생도 몇 명 되지 않아 나로서는 말할 기회가 많아서 나름대로 매력이 있었다. 날씨가 안 좋거나 휴일과 연달아 있는 어느 날엔 학생은 나 혼자인데 보조교사들까지 나와서 세 선생님께 둘러싸여 개인지도를 받은 날도 있었다.

성인교육센터의 선생님은 당시의 내 나이 또래였는데 외국인에게 영어를 가르치는 일을 전공했고 경력도 많은 분이라 말도 또박또박, 천천히 해서 알아듣기 쉬웠다. 그뿐만 아니라 학생 수가 많은 반이라 여러 나라에서 온 친구들을 사귀는 일도 큰 즐거움이었다. 각자의 영어는 모두 제 나라 특유의 악센트가 있어 서로 알아듣기가 쉽지는 않았으나 어쨌건 영어라는 언어를 통해 의사소통할 수 있으니 재미있었다. 쉬는 시간이면 관심 있는 나라의 친구에게 서로 궁금한 것을 물어서 새로운 지식을 얻을 수 있었다.

  터키에서 온 새댁이 있었다. 어리고 귀엽게 생겼는데 이슬람교도이므로 언제나 머리에 머플러를 쓰고 있었다. 이슬람교도를 그렇게 가까이에서 보고 말을 나눌 기회가 처음인 나는 물론이고 모두 그녀가 머플러를 벗으면 어떤 모습일까 궁금해하고 있었다. 궁금하기는 선생님도 마찬가지였나 보다. 어느 날 여자들이 새댁을 둘러싸고 머플러를 쓰는 풍습에 관해 묻고 있는데 선생님이 다가왔다. 새댁에게 머플러를 벗어도 되는 때는 언제인가 물었다. 남편 이외의 남자에게 머리카락을 보이는 것이 율법에 어긋나므로 외간 남자만 없으면 벗어도 된다고 했다. 선생님은 우리 여학생들만 데리고 옆방으로 갔다. 문을 잠그고 이제 한번 보여줄 수 있겠느냐고 하자 새댁은 선뜻 머플러를 풀렀다. 그 속에 머플러가 흘러내리지 않도록 잡아주는 망사로 만든 모자도 벗었다. 그러자 그녀는 발랄한 포니테일 스타일(긴 머리를 뒤로 올려 모아 묶어주는 스타일)을 한 소녀의 모습이 되었다. 이토록 귀엽고 선머슴 같은 사랑스러운 외모를 머플러로 가리고 살아가야 한다니 참 답답하기도 하고 딱하다는 생각도 들었다. 하지만 종교의 차이이고 문화, 전통의 문제이니 그저 예쁘다는 칭찬을 해줄 수밖에 없었다. 그녀는 다시 이슬람교도의 아낙네로 변신하고 우리는 아무 일 없었다는 듯 남자들이 의아해하고 있는 교실로 돌아갔다.

  남편이 잠깐 한국에 다니러 간 사이 내 차가 문제를 일으켰다. 무슨 이유인지는 모르겠는데 바퀴에 바람이 빠진 듯했다. 나는 운전만 할 줄 알았지 나머지는 모두 남편의 몫이었으니 어떻게 해야 할지 막막했다. 다행히 차가 움직이기는 해서 살살 운전하여 수업에 갔다. 주차장에서 우리 반 남학생 링웬을 만났다. 내가 문제를 이야기하자 별것 아니라면서 자기가 도와주겠다고 했다. 몹시 추운 날이었지만 그는 주유소까지 같이 가서 내 차를 손봐주었다. 그는 중국에서 왔는데 공부하는 아내를 따라왔다고 했다.

  2000년도 초반이던 그때만 해도 중국의 경제사정은 그리 좋은 편이 아니었다. 아내가 장학금을 받으면 함께 미국에 와서 사는 것이 중국에 있는 것보다 나았던 모양이다. 공부하는 아내를 뒷바라지하며 애들을 돌보는 주부의 역할을 한다고 했다. 링웬 외에도 그런 식으로 미국에 와있는 중국인 남편들이 제법 많았다. 그래서일까 중국에는 의외로 여자들이 똑똑하다고 하는 이야기를 심심찮게 들을 수 있었다. 아내의 장학금으로 온 가족이 생활하자니 절약할 수밖에 없는 실정이리라. 들리는 말에 의하면 아파트의 인접한 집에 중국인이 살면 그들이 난방을 안 해서 자신의 집에 난방비가 더 들어간다고 했다. 우리나라에 온 중국 관광객들이 백화점에서 명품들을 싹쓸이해간다는 작금의 뉴스를 보니 격세지감을 느끼지 않을 수 없다.

많은 추억을 안고 한국으로 돌아왔다. 언제나처럼 선생님들께 감사편지를 했다. 교회의 영어반 선생님이었던 필리스는 답장을 해주었으나 센터의 선생님 죠안에게서는 답장이 없었다.

몇 년 후 같은 학급의 한국인 친구였던 C로부터 연락을 받았다. 죠안 선생님이 암으로 고생한다고. 앞으로 얼마 남지 않은 것 같다고 했다. 나는 다시 쾌차를 비는 카드를 보냈지만 역시 답장을 받지 못했다. 그리고 내 아름다운 추억 속에 아직도 선연히 남아있는 죠안은 의사가 예측했던 시간을 넘기지 못하고 하늘나라로 갔다는 소식을 들었다. 만남, 이별… 몇 번의 미국생활에서 만났던 영어반 친구들과 선생님들. 지금은 각자의 나라에서 행복하게 지내며 그들도 가끔 그 시간을 추억하리라 믿는다.

(2012년 2월)

보물찾기

 지난가을 내가 사는 양천구에서는 베란다에서 키울 수 있는 자그마한 플라스틱 화분에 상추 등 몇 가지 채소를 심어 추첨을 통해 700여 가구에 나눠주었다. 운좋게 나도 당첨되었다.

오랫동안 아파트가 밀집해 있는 동네에서만 살다 보니 텃밭, 꽃밭 가꾸며 사는 것이 꿈이지만 실행에 옮기기가 여의치 못해 몸살을 앓던 중 잠깐의 이슬비 같은 기쁨이었다. 그런데 주민센터에서 그것을 받아 운반해오는 일이 문제였다. 차가 있으면 달랑 싣고 오면 될 일이지만 우리 내외는 둘 다 운전이 겁나 우리나라의 대중교통의 훌륭함을 자랑하며 그것에 의지해 사는 터였고, 집에 있는 운반 도구라고는 요즘 장 보러 다닐 때 사용하는 주머니형 카트뿐이었다. 주머니를 빼놓고 카트만 끌고 갔다. 그런데 생각보다 화분 폭이 넓었다. 카트에 간신히

얹히기는 하는데 움직이자마자 화분이 떨어져 내렸다. 다행히 혹시 필요할지도 모른다는 생각으로 가지고 간 비닐 끈이 있어서 그것으로 카트에 화분을 고정했다. 머리가 허연 남편이 앞에서 끌고 내가 뒤에서 뒤뚱거리는 화분을 바로 잡아주며 쩔쩔매면서 가지고 왔다. 길 가던 사람들이 노부부가 뭐 하는 것인가 하며 쳐다보는 것 같아 민망스러웠다. 멀지 않은 거리를 오면서 10년 전 이와 유사한, 아니, 더 민망한 일을 겪었던 일이 생각나 웃음이 났다. 집에 와서 이야기하자 남편도 그 일을 생각해내고는 둘이서 깔깔대고 웃었다. 그때만 해도 참 젊었었는데… 하면서.

우리 내외는 남편의 재직기간 동안 세 번 미국에서 일 년씩 살다 온 일이 있다. 그 세 번째 일리노이 주 어바나에서 살던 때였다. 그때 내 나이 이미 50이 넘었고 남편도 머리가 반백인 노교수였다. 각 나라에서 온 유학생들이 많고 한국에서 온 연구원들도 1, 2년씩 연구하다 돌아가는 대학도시였으므로 떠나는 유학생이나 연구원들이 무빙세일로 쓰던 물건을 새로 온 사람에게 팔거나 아는 사람에게 물려주고 가는 것이 전통처럼 되어 있었다. 또 제때에 처분이 안 된 물건들은 그대로 쓰레기통에 버려졌다. 우리처럼 아무 살림살이도 없이 여행 가방에 갈아입을 옷만 넣어온 사람은 누군가 물려주는 것이 있으면 아무리 낡았어도 감지덕지 받아서 써야 한다. 일 년이라는 짧은 기간 지내려고 가재도구를 새로 살 필요는 없고 그렇다고 아무것도 없이 살기에 일 년이 또 그렇게 짧기만 한 기간은 아니기 때문이다.

학기가 끝날 무렵이면 학생들이 많이 사는 아파트의 쓰레기통 주변은 버리고 간 가재도구들로 넘쳐났다. 재수가 좋으면 아주 괜찮은 물건들을 건질 수 있다. 어느 날 외출을 하려는데 아파트 입구 쓰레기통 옆에 얼핏 보기에 꽤 쓸 만한 책상이 보였다. 차를 세우고 내려서 다가가 보니 우리 마루에 재봉틀을 얹어놓고 쓰면 좋을 것 같았다. 하지만 무거워서 나 혼자서는 안 되겠기에 핸드백에서 종이를 꺼내 '임자 있으니 손대지 말라.'고 써놓고 그날 볼일을 다 보고 귀가한 후 저녁 때 퇴근한 남편을 데리고 그곳에 갔다. 책상은 커서 차에 실을 수도 없으려니와 차를 움직일 만한 거리도 아니어서 내가 갖고 있는 바퀴 달린 작은 운반 도구를 끌고 갔다. 이 운반 도구 또한 이사 온 지 얼마 되지 않았을 때 재수 좋게 쓰레기통에서 찾아낸 것이었다. 그런데 이것이 책상보다 턱없이 작았다. 하지만 다른 수가 없으니 우리 둘이 있는 힘 다해 책상을 뒤집어서 카트에 얹고 집으로 향했다. 약간 비탈길을 내려가야 하는데 이번에 텃밭 상자 화분을 가져오던 것처럼 남편이 앞에서 끌고 내가 뒤에서 책상다리를 붙들고 균형을 맞추면서 미끄러지지 않으려고 애를 쓰면서 가고 있었다. 그런데 이를 어쩌나. 같은 아파트에 살던 한국인 젊은 연구원들이 퇴근해서 들어오다 우리의 모습을 보게 된 것이 아닌가. "아이고, 교수님, 제가 도와드리겠습니다." 하면서 몇 명이 달려왔다. 그러지 않아도 더운 날 낑낑대느라 땀이 나는데 예기치 못한 상황에 처하게 되어 얼마나 당황스럽던지 등줄기로 땀이 흘러내리기 시작했다. 아무리 대충 사는 것이 보편화 되어있는 곳이기는 하지만 젊은이도 아니고 품위 있게 살 수도 있는 나이에 걸맞지 않는 짓을 하다 들킨 것 같아 민망스럽기 짝이 없었다. 할 수 없이 잠시 서서 큰소리로 젊은이들에게 말했다. "그냥 못 본 척 해주시겠어요? 우리가 천천히 하는 것이 제일 마음 편합니다." 나는 단호하게 그 자리에 서서 움직이지 않았다. 젊은이들은 하는 수 없이 노인네들도 참 딱하다는 표정을 지으며 물러갔다.

일 년 동안 그 책상에 재봉틀을 올려놓고 요긴하게 잘 썼다. 책상을 주워온 후로 나는 쓰레기통 곁에 무언가 버려져 있으면 그냥 지나치지 못하고 쓸 만한 것이 있나 검사하는 버릇이 생겼다. 마음에 들고 필요한 것을 주운 날은 마치 보물이라도 찾은 듯 기뻤다. 그렇게 해서 자잘한 가구, 서랍장 또는 책꽂이 등 웬만한 것은 쓰레기통에서 주워서 쓰다가 다른 사람에게 물려주고 왔다.

이곳에서야 다 갖추고 사니 더 이상 쓰레기통을 살펴서 보물찾기할 필요가 없고 비록 찾는다 해도 어디에 들여놓을 구석도 없지만, 아직도 난 이 재미를 쉽게 버리지 못하고 있다. 다른 아파트는 잘 모르겠지만 이사를 하면 가구들을 모두 새 것으로 바꾸는지 내가 사는 아파트에서는 한 집이 이사 나가면 아파트 쓰레기통 곁에 멀쩡한 가구들을 버리고 가는 사람들이 참 많다. 이럴 때 나는 그냥 지나치지 못하고 필요한 것이 없어도 꼭 한 번 가까이 가서 점검해본다. "에구, 아직도 쓸 만한 것을… 우리 살던 곳 같았으면 모두 들어다 쓸 수 있는 보물들이구먼."

조금 살 만해졌다고 아직도 쓸 만한 것들을 아깝단 생각 없이 버리는 요즈음 젊은이들이야 쓰레기통을 뒤져서 보물을 찾아내는 재미까지는 모른다 해도 자신이 쓰던 물건을 귀히 여기고 아껴 쓰는 절약정신을 키우고 대형 폐기물 쓰레기를 조금이라도 줄이도록 노력해야 하지 않을까?

이 가을 조그만 텃밭 상자 화분을 옮기면서 기억난 그 날의 웃지 못할 에피소드를 되새겨보았다.

(2012년 11월)
―《한국수필》 2013년 4월호, 등단 작품

5.
마침내 백두산에 오르다

긍정의 마음으로 살아야지
그럴 수도 있지
나이야, 가라!
행동하지 않는 죄
아우슈비츠의 통곡
대표 바보
아가야, 나 말고 너
마침내 백두산에 오르다
자매 여행 이야기

긍정의 마음으로 살아야지

사람들의 성격은 제각각이다. 주어진 상황에 대처하는 것을 보면 그 사람의 성격을 웬만큼 짐작할 수 있다. 어떤 사람은 아주 긍정적이고 적극적인 데 비해 똑같은 상황인데도 전혀 반대의 반응을 보이는 사람도 있다. 성격이 똑 부러지지 못한 나는 그들 사이에서 가치관의 혼동을 일으키는 때가 종종 있다.

아직 디지털카메라가 상용되지 않던 십오 년쯤 전의 일로 기억된다. 하와이에서 열리는 학회에 참석하는 남편을 따라 호놀룰루에 갔다. 전에도 여러 번 갔던 곳이지만 갈 때마다 이국적이고 아름다운 경치에 반해 몇 번을 가도 또 가고 싶어지는 그런 곳이다. 사람들이 그곳을 천당 아래 구백구십구당이라고 하는 것이 이해가 될 정도로 나도 하와이를 참 좋아한다.

햇볕은 따가워도 그늘에 들어서면 서늘한 바닷바람으로 기분마저 시원해진다. 참으로 매력적이다. 소나기가 쏟아진다 싶으면 잠시 잎이 울창한 나무 아래서 비를 긋는 여유로움도 있고 아열대 우림에 쏟아지는 굵은 빗줄기를 바라보면 마음의 묵은 때까지 깨끗이 씻겨 내리는 듯한 상쾌함도 있다. 지구 위에 존재하는 여러 나라에서 몰려든 수많은 인종이 뒤섞인 관광객들을 구경하는 것만으로도 하루가 지루하지 않은 곳 호놀룰루. 대부분 큰 꽃무늬에 시원스레 파인 옷을 입은 여자들은 머리에 빨간 하와이 무궁화를 꽂고 목에는 레이를 걸었으니 훌라춤이 절로 나올 듯하다. 더욱이 멋진 선글라스를 쓰고 활기차게 몰려다니는 그들 속에 섞여서 나도 한껏 멋을 부려볼 수 있으니 아름다운 경치를 배경 삼아 이럴 때 카메라가 제 역할을 할 때가 아니겠는가.

　세미나 일정 가운데 참가자들을 위한 폴리네시안 마을 관광이 있던 날 우리 내외는 간편한 차림에 카메라를 챙겨 발걸음도 가볍게 일행들을 따라 나섰다. 어디 한 곳 아름답지 않은 곳이 없지만 그래도 운전을 겸한 안내자가 특별한 곳에서는 차를 멈추고 경치를 감상하고 사진 찍을 시간을 주었다. 언제나 그렇듯이 남편은 사진사가 되어 나를 이곳에 서봐라, 저곳에 앉아봐라 하면서 사진을 찍어주었다. 우리보다 조금 나이 들어 보이는 부부가 다가와 사진을 찍어 줄 테니 둘이 함께 찍으라고 했다. 사진을 찍고 나서 이번에는 우리가 찍어드리마고 했더니 그분들은 고개를 가로저으며 말했다.

"아유, 이 나이에 사진은 무슨 사진입니까? 이다음에 아이들이 부모 사진들을 없애려면 얼마나 수고스러울 텐데…." 우리는 좀 머쓱해졌다.

그날 저녁 남편에게 의논했다. 우리도 이제는 사진 찍지 말자고. 그분들 말이 옳은 것 같다고. 사실 지금까지 찍은 사진들 아직 사진첩에 정리 못 한 채로 상자 안에 처박혀 있는 것들도 많으니 그렇게 하자고 하니 남편도 동의했고 우리는 카메라를 가방 속에 넣어 둔 채 나머지 여행을 마치고 돌아왔다.

그로부터 몇 년 동안은 여행을 떠날 때면 여행의 필수품인 양 카메라를 챙겨 넣기는 했어도 될 수 있으면 사진을 찍지 않았다. 그때 이후로 사진을 찍는 데 대한 흥미도 별로 생기지 않았고 사진을 찍을수록 우리 아이들을 힘들게 하는 것이나 아닐까 하는 생각이 들었다. 하지만 마음 한구석으로는 벌써 사후를 걱정해야 하는 나이일까 하는 생각으로 찜찜한 느낌이 드는 것또한 사실이었다.

우리가 다시 가방을 챙겨 여행을 간 곳은 중국의 장가계와 원가계를 거쳐 시안의 진시황 묘를 둘러보고 중경을 거쳐서 돌아오는 여정이었다. 중국여행은 북경을 중심으로 한 여행에 이은 두 번째 여행이었다. 맑게 갠 날의 장가계와 원가계는 말 그대로 비경이라고 하는데 우리가 갔던 날은 안타깝게도 안개가 끼어 있어서 계곡의 깊은 곳까지 다 들여다볼 수는 없었다. 하지만 나사못을 거꾸로 세워놓은 듯 위로 솟은 수많은 가는 봉우리들이 저마다 허리춤에 구름을 두르고 서 있는 모습도 나름대로 신비한 장관이었다.

이번 가이드는 무척 친절해서 경치 좋은 곳에서는 "자 이곳이 포토존입니다. 제게 카메라를 주시고 한 분씩 서십시오." 하며 일행들을 개인으로 또 그룹으로 사진을 찍어주었다. 우리 내외가 찍어야 하나 말아야 하나 하며 머뭇거리고 있는데 일행 중 가장 연배가 높으신 할머니가 할아버지의 손을 잡아끌며 바로 포토존에 가서 섰다. 빨간 모자를 쓴 단정한 여행복 차림의 할머니가 사람들의 시선도 아랑곳하지 않고 멋진 포즈를 취하더니 웃으면서 "예쁘게, 젊게 찍어주세요." 했다. 그런데 그 모습이 왜 그리 아름다워 보이는 걸까. 하와이에서 만난 분들이 '사진은 찍어서 뭐해요?' 할 때의 어두운 표정과는 사뭇 반대되는 밝고 기쁜 표정이었다. 거기에 힘입어 우리도 즐거운 마음으로 곳곳마다 사진을 찍었다. 마음이 가벼워지며 여행이 더욱 즐겁게 느껴지는 것이 아닌가. 그날 저녁 남편에게 다시 제의했다.

"아까 그 노부부 참 멋지지 않아요? 그분들의 생각이 밝고 긍정적이니 더 행복해 보입니다. 우리가 이 나이에 벌써 사후에 아이들이 사진 치울 걱정을 하는 게 옳은 일일까요? 우리도 다시 기쁘게, 열심히 사진을 찍을 수 있을 때는 찍는 게 어때요?"

이제는 디지털카메라를 사용하니 언제든지 얼마든지 사진을 찍고 지우고 할 수 있는 편리한 세상이 되어 누구나 부담 없이 사진을 찍는다.

하와이에서 만났던 분들의 생각보다 중국에서의 노부부의 생각이 좋은 생각이 아니냐는 내 질문에 "그렇지!" 하고 맞장구 쳐주며 오늘도 남편은 열심히 사진사 역할을 하고 있다.

(2011년 여름)
―《순수문학》 2011년 수필작가 동인지

그럴 수도 있지

　사람은 누구나 나이가 들어가면서 삶을 보는 눈이 여유로워지고 포용력 또한 넓어지게 된다. 젊은 사람들은 아직 삶의 경험이 적어서일까 패기는 있어도 느긋한 여유는 찾아보기 힘든 것이 보통이다. 나 또한 젊어서는 유난히 옳고 그름에 민감하고 다른 사람의 행동이 상식에 어긋난다고 생각되면 지적하고 비판하기를 서슴지 않았었다. 특별히 시간 약속을 제대로 지키지 않는 사람은 예의를 모르는 사람으로 치부해버릴 정도로 싫어했었다.

　모임이 있을 때마다 지각하는 사람은 언제나 있기 마련이다. 그때마다 나는 "다른 사람의 시간도 소중한 것인데 이렇게 남의 귀한 시간을 허비하게 해도 되느냐." 하고 채근을 해댔다. 그러다 보니 어느 날부터인가 사람들이 나 때문에 상당히 스트레스를 받는 것 같다는 기분이 들었다. 이렇게 까다롭게 구는 것이 과연 옳은 일일까 하는 의구심이 드는 때도 있었으나 타고난 버릇을 고치지 못하고 늘 같은 일을 되풀이하며 지내 왔었다. 그러던 어느 날 내 생각이 많이 바뀌게 되는 일을 경험하게 되었다.

우리나라에 해외여행 자율화가 시행되고 몇 년 안 된 어느 여름 우리 가족은 유럽 여행을 했다. 딸의 대학입학을 축하해 주고 우리 내외의 결혼 20주년을 기념하기 위한 것이었다. 이탈리아로부터 유럽 여러 나라를 거쳐 영국까지 올라가는 여행으로 먼저 로마를 중심으로 관광을 시작했다. 교과서에서 그림으로만 보던 역사적인 유적들을 보는 것은 참으로 경이로운 일이었다. 콜로세움과 베드로 성당과 카타콤 등 수천 년의 역사의 흔적이 이렇게 남아있어서 세계 사람들에게 감동을 주고 또한 내 눈으로 직접 보고 있다는 것이 실감 나지 않을 만큼 놀라웠다.

오전 관광이 끝나고 점심을 먹었다. 이제 버스에 타고 다음 여행지로 이동해야 하는데 현지인 버스 기사와 우리 가이드 간에 소통이 잘 안 되었는지 우리가 타야 할 버스가 보이지 않았다. 요즈음 같으면 휴대폰이 있으니 문제 될 것이 없겠으나 그때는 약속이 어그러지면 보통 힘든 때가 아니었다. 이탈리아는 유럽에서도 아래쪽에 있어서인지 그 날 로마 근교의 날씨는 서울보다도 무더웠다. 대략 스물다섯 명의 우리 일행은 인솔자와 현지가이드가 버스를 찾아 헤매는 동안 그늘도 거의 없는 길거리 한 모퉁이에 쭈그리고 앉아서 속절없이 기다려야만 했다. 내 비판적인 성격은 이때도 예외 없이 드러났다. 기다리는 동안 계속해서 "어떻게 이럴 수가 있어. 가이드라는 사람이 이렇게 자신의 역할을 제대로 못 해서 이 많은 사람을 고생시키고. 날씨는 또 왜 이렇게 더운 거야." 초조하게 기다리기를 두 시간 남짓.

드디어 버스를 찾았다. 땀을 뻘뻘 흘리며 우리를 버스에 태운 가이드는 미안하다고 머리를 숙이며 열심히 사과했다. 가이드가 더위에 고생했겠다는 생각이 들기는 했다. 그러나 그의 불찰로 인해 우리가 불볕더위를 피하지도 못한 채 두 시간이나 허비하는 바람에 여행 일정에 차질이 생겨 버리고 말았잖은가. 무엇보다도 그렇게 기대했던 베니스에서의 곤돌라타기를 할 수 없게 되었다는 것에 약이 오르고 화가 났다. 힐끗 쳐다보니 가이드는 말없이 빨갛게 달아오른 얼굴의 땀을 닦고 있었고 일행들 또한 더위와 기다림에 지쳐 할 말들을 잊고 시무룩이 앉아있을 뿐이었다. 그때 일행 중에 한 분이 일어나 마이크를 잡았다. 50대 중반쯤 된 아주머니인데 동대문시장에서 포목점을 운영하고 있다는 분이었다.

"여러분 고생 많으셨죠? 이미 이렇게 된 거 우리 엎어진 김에 쉬어간다고 몇 시간 쉬었다고 생각하고 마음 편히 나머지 여행도 즐겁게 합시다."

머리를 푹 수그리고 죄인이 된 듯 풀죽어있던 가이드의 얼굴에 웃음이 피어나고 더위에 지친 우리 일행들도 다시 힘을 얻었다. 나는 그때 충격이라고 해도 좋을 만큼 큰 깨달음을 얻었다. '저 아주머니는 어떻게 저렇게 속 깊은 마음을 지닐 수 있었을까. 내가 똑같은 상황에서 나 자신이 힘든 것만 생각하고 있을 때 저분은 가이드가 이 뙤약볕에 얼마나 애를 태우며 헤매고 다닐까, 상대방의 어려움을 헤아리고 있었구나. 그렇게 잘난 척 남을 판단하던 나는 저 사람보다 나은 게 무얼까. 내가 옳고 그름을 따져서 주위 사람들에게 유익을 준 것이 하나도 없는데 저 아주머니는 그 푸근한 포용력으로 모든 사람에게 새 기운을 주고 있구나!'

그래, 바로 그것이었다. '어떻게 그럴 수 있어?' 하는 것보다 '그럴 수도 있지!' 하면서 사는 것이 함께 살아가는 세상에 훨씬 필요하고 덕스러운 일이었다.

평소에 존경하고 좋아하던 안이숙 사모의 책《그럴 수도 있지》에서 읽었던 구절이 생각난다.

세상만사는 모두 이유가 있기 마련이지요.
세상만사는 모두 그럴 수도 있기 마련이니까요.

그럴 수도 있지!
이해하는 습관은
행복을 만드는 신호랍니다.

　머리로는 알고 있으면서도 정작 실천하지 못했던 그것을 우연한 경험을 통해서 깊이 깨달은 나는 그때부터 좀 더 여유 있는 눈으로 모든 일을 바라보게 되었다. 웬만한 일에는 '그럴 수도 있지!' 하는 생각과 말로 상대방을 편안하게 해주려고 노력하는 사람이 되었으니, 여행길에 동행했던 그 포목상 아주머니야말로 내 인생에 큰 가르침을 준 스승이라 하지 않을 수 없겠다.

(2011년 봄)
—《한국논단》 2011년 6월호

나이야, 가라!

첫 외손자가 태어났을 때는 기쁨도 컸지만, 친정엄마로서 딸의 해산바라지를 하는 것도 큰일이었다. 나의 언니도 비슷한 시기에 첫 손자를 보았고 우리는 서로 손자 자랑을 해가며 열심히 딸과 손자를 돌봤다. 처음 몇 달 동안은 누가 더 엄마 역할, 할머니 노릇을 잘하나 내기라도 하듯 힘든 줄도 모르고 열심이었다. 시간이 흐르면서 좋은 엄마의 의무를 수행한 우리도 쉼이 필요하지 않겠느냐는 데에 의견이 모아졌다. 그때 생각한 것이 해외 여행.

나의 남편이 동행한 우리 셋의 여행지는 캐나다였다. 여름이 시작되는 6월의 여행. 원래 나는 여행을 나서면 머리를 텅 비우는 버릇이 있다. 언니에게도 말해주었다. 딸도 아기의 일도 걱정하지 말고 세상만사 다 잊고 오직 여행만 즐기자고. 평소에도 나는 언니를 엄마처럼 의지하고 언니도 나를 늘 너그럽게 챙겨준다. 그러니 남편과 언니, 마음 놓고 기댈 수 있는 사람이 둘씩이나 되니 엄마, 아빠 손잡고 놀이 나서는 아이처럼 마음이 든든했다.

　상쾌한 초여름 날씨. 세계적인 꽃의 정원 부차드 가든을 구경했다. 원래는 석회암 채굴장이던 곳이 폐광되고 버려진 것을 부차드 부부가 사들여 이렇게 아름다운 식물들의 천국으로 바꾸어 놓았단다. 본 적도 없고 이름도 모르는 수많은 꽃들이 자신들에게 가장 어울리는 곳에 자리 잡고 다른 꽃들과 조화를 이루며 싱싱한 자태를 마음껏 뽐내고 있었다. 특히 가슴이 울렁거릴 만큼 신비롭고 아름다운 곳은 자연의 원래의 모양을 그대로 이용해 언덕에서 계곡으로 내려가면서 조성된 선큰 가든(sunken garden)이었다. 맨 꼭대기에서 내려다볼 때의 풍경! 감탄이 절로 나왔다. 언덕을 천천히 걸어 내려오며 새로 만나는 꽃과 나무들에게 인사를 건넸다. 수많은 나무와 꽃이 절묘하게 배치되어 있었다. 꽃을 좋아하지 않는 사람이 있을까마는 나는 새로운 꽃을 볼 때마다 그것들의 숨결과 살결을 느끼며 전율할 만큼 꽃을 좋아한다. 만약 이 땅에 사람은 있는데 꽃이 없다면 얼마나 삭막할까. 생각만 해도 마음이 어두워진다. 나는 그 많고 많은 아름다운 꽃들이 너무나 좋아서 소리를 질러댔다.

"와, 예쁜 꽃들! 이렇게 아름다운 곳이 있네. 언니, 우리 혹시 천국에 온 것 아냐? 천국의 정원이 바로 이렇지 않을까?"

그때만 해도 우리나라에는 수목원이라든가, '…가든'이라는 이름이 붙은 곳이 별로 없을 때여서 우리의 경이로움은 클 수밖에 없었다. 나라가 크니 개인이 만든 정원도 세계적인 관광지가 될 만큼 대단하다는 것이 부러웠다.

다음은 로키산 자락의 벤프. 어릴 때부터 말로만 들어오던 로키산맥. 젊은 날에는 <로키산에 봄이 오면(When it's springtime in the Rocky)>이라는 노래를 들을 때마다 가슴을 설레며 동경하던 그 산에 왔다는 것이 믿기지 않을 만큼 감격스러웠다. 벤프에는 한 번도 와본 일이 없는데 이상하게도 낯설지 않았다. 생각해보니 경치를 주제로 한 달력에 자주 나오던 광경이었다. 실제로 보니 더욱 장엄하다. 가이드가 시키는 대로 다리를 벌리고 서서 머리를 아래로 내려 다리 사이로 거꾸로 경치를 감상해보았다. 새롭게 보이는 경치에 우리는 깔깔대고 웃었다. 거꾸로 보아도 멋지다.

로키산맥 숲 속의 그림 같은 호텔에서 밤을 지냈다. 아침이 되니 맑은 공기와 새들의 지저귐이 창문 틈으로 스며들며 새로운 하루에 대한 기대감을 잔뜩 불어넣어 주었다. 나의 기대는 절대 과한 것이 아니었다. 로키산맥의 품속으로 들어갈수록 자연의 신비로움에 압도되어 속세에서 지니고 간 모든 방어기제를 스스로 무장해제한 채 산에 몸을 맡겼다. 영겁의 시간 속에서 살아 숨 쉬는 대자연의 경이로움으로 마음이 엄숙해짐을 느꼈다. 수많은 호수의 빛깔이 모두 푸르되 그 푸름이 한 곳도 같은 곳이 없다. 에메랄드빛이 영롱하게 빛나는 페이토 호수. 세계 10대 절경 중 하나이며 로키산맥의 보석으로 불리는 루이스 호수. 수면에는 뒤에 둘러선 산이 맑게 투영되어 마치 데칼코마니 작품을 보는 듯했다. 산을 올라갈수록 기온은 내려가고 마침내 설상차를 타고 컬럼비아 대빙원으로 갔다. 수만 년 전부터 내려온 빙하 위를 걷고 있자니 내가 태고의 신비 가운데 서 있다는 것이 신기하고 표현할 길 없는 자연에 대한 경외심으로 가슴이 벅차올랐다.

캐나다 여행의 대미를 장식해준 나이아가라 폭포. 파란색 비옷을 입고 '안개 속의 숙녀'라는 고운 이름을 가진 배를 타고 폭포 한가운데를 지나갔다. 모두 새로운 경험에 신이나 소리를 지르며 폭포수를 반겼다. 폭포를 빠져나가고 물안개를 벗어나 먼 곳으로 배가 나가자 폭포 전체가 보이며 진정한 나이아가라의 모습을 한눈에 볼 수 있었다. 더할 나위 없는 장관이었다. 도대체 저렇게 많은 물이 쉬지 않고 쏟아지다니 그 물의 근원이 참으로 불가사의하게 느껴졌다.

우리 일행은 만장일치로 제트보트를 타기로 했다. 이번에는 모두 더욱 두꺼운 비옷에다 구명조끼까지 입어야 했다. 우리 세 사람은 40인 승 보트의 맨 앞자리에 나란히 앉았다. 제트보트는 나이아가라 협곡 급류를 거슬러 올라갈 수 있도록 특별히 설계된 쾌속정이다. 어떤 원리인지는 잘 모르겠지만, 이 배는 다른 배들이 갈 수 없는 얕은 곳도 운항할 수 있을 뿐 아니라 강의 급류도 최고 시속 40km로 거슬러 올라갈 수 있다고 한다. 급류가 엄청난 속도로 밀려온다. 이곳이 나이아가라 강 협곡의 '악마의 굴' 지역이라고 가이드가 알려주었다. 보트가 갑자기 위아래로 춤을 추더니 급류를 가로지르며 360도 회전을 한다. 엄청난 파도와 부딪치며 물에 흠뻑 젖었다. 제트보트의 뱃머리가 거대한 급류의 파도 속으로 들어갈 때 놀라 비명을 지르는 입안으로 물이 가득 들어왔다. 그러나 무섭다는 생각은 잠깐뿐 이렇게 재미있는 일이 또 있을까 싶을 정도로 신이 났다. 모두 어린애로 돌아가 "악, 악~." 소리 지르며 웃어댔다. 배가 조용해진다 싶으면 모두들 "한 번 더!"를 외쳐댔다. 신이 나기는 선장과 가이드도 마찬가지. 다시 보트가 요동을 친다. 가이드가 외쳤다.

"자 우리 불필요한 나이는 여기, '나이야 가라'에 버리고 갑시다."

나는 언니와 남편의 손을 잡고 환호하며 소리쳤다.

"나이야, 가라! 나이야, 가라!"

소리칠 때마다 정말로 내가 젊어지는 듯한 착각이 들었다. 빛나던 젊음을 다 보내고 어느새 손주를 보고 할머니, 할아버지가 되면서 속절없이 쌓인 우리의 넉넉한 나이를 그곳에 반쯤은 버리고 한층 젊어져서 돌아온 행복한 여행이었다.

(2011년 10월)

행동하지 않는 죄

 이제는 고백해야겠다.

어느 시점부터였을까 내 의식이 형성되면서부터 나는 '한 번 부여받은 생을 살면서 깨끗이 살아야겠다, 올바르고 진실하게 살아야겠다, 절대로 죄짓지 말고 타인에게 해가 되거나 상처 주는 일은 하지 않아야겠다.'라는 등의 결심을 하게 됐다. 다행히도 순탄한 삶을 살면서 내가 생각하던 것에서 그리 벗어나지 않은 시간을 보내며 여기까지 올 수 있었던 것 같아서 참으로 감사하게 생각하고 있다.

그렇다고 나는 죄를 짓지 않은 깨끗한 사람이라 할 수 있을까? 아니다. 내가 어떤 의도적인 행동으로 죄를 짓지는 않았다 할지라도 내가 우연히 한 행동으로 또는 내가 아무 생각 없이 한 말들로 상처받은 사람이 어디 한둘이겠는가. 60년 넘게 살아오면서 나로 인해 상처받은 사람들. 나는 일일이 내가 무슨 짓을 했는지 기억조차 없지만 나 때문에 가슴 아파서 운 사람도 있었을 테고 나 때문에 화가 나서 잠 못 이룬 사람도 많으리라. 모두에게 용서를 구하고 싶다.

로마제국의 16대 황제 마르쿠스 아우렐리우스(121~180)가 말하기를 사람의 죄에는 commission(옳지 못한 일을 함으로써 저지르는 죄)과 omission(마땅히 해야 할 옳은 일을 하지 않음으로써 저지르는 죄)이 있다고 했다. 자신의 노력이나 가치관으로 커미션의 죄는 저지르지 않는 사람이라 해도 오미션의 죄를 저지르지 않고 평생을 살 수 있는 사람은 아무도 없다고 해도 틀린 말이 아니리라.

얼마 전 승무원을 포함해 307명을 태운 아시아나 여객기 보잉 777이 샌프란시스코에 착륙하면서 비행기 뒷부분이 바퀴보다 먼저 활주로에 닿는 사고가 발생했다. 사고가 나고 숨 가쁘게 승객들의 탈출이 시작되었다. 이때 보여준 아시아나 승무원들의 한결같은 헌신적 구조는 보는 이들의 마음에 감동을 주었다. 직업의 특성상 짧은 스커트에 하이힐을 신은 여승무원들은 신발을 벗어 던지고 한 명의 승객이라도 더 구하려는 사명감으로 자신을 잊은 채 뛰어다녔다. 자신도 꽁지 뼈에 금이 가는 상처를 입고도 주저앉지 않은 승무원, 자신의 몸보다 더 큰 승객을 등에 업고 뛰어가는 여승무원의 모습을 본 사람들이나 CNN을 비롯한 미국의 방송사들은 그들을 그야말로 영웅이라고까지 칭찬했다.

　만약 그들이 자신의 목숨이 아까워 승무원으로서 가져야 하는 사명감을 벗어던지고 자신만 살려고 급급했다면 한국을 바라보는 세계의 시선이 어떠했을까. 그들이 오미션의 죄를 저지르지 않은 덕에 한국의 위상이 한층 높아질 수 있었다. 한국인의 한 사람으로서 그들이 자랑스럽다.

　나도 살아오면서 커미션의 죄는 저지르지 않고 살았을지 모른다. 하지만 생각해보면 정말 많은 오미션의 죄를 저지르며 살아왔다. 중학생들이 놀이터에서 담배를 피우거나 술을 마시기도 하고 먹고 난 과자 봉지를 아무 곳에나 던져버리는 것을 보고도 그 애들한테 두들겨 맞거나 칼부림을 당하는 것이 무서워서, 또 그렇게 해서 신문에 나는 일을 당하고 싶지 않아 못 본 척, 안 본 척 한 일이 한두 번이 아니지 않는가. 가끔 그런 일에 의롭게 나섰다가 다치거나 지하철역에서 선로에 떨어진 사람을 구하려다 자신의 목숨을 잃은 사람들의 이야기를 들을 때마다 그들의 용기가 가상한 한 편 그렇게 하지 못하는 나 자신이 몹시 부끄럽다.

　10년도 더 전의 일이다. 새로운 밀레니엄이 시작되면서 모든 이들이 더 나은 날들을 기대하고 더욱 더 사람답게 살기로 다짐하면서 시작된 2000년이었다. 크리스천인 남편과 나는 몇 년을 벼른 끝에 기독교 방송국에서 주최하는 성지순례에 참가했다. 다른 여행과는 다르게 예수님의 살신성인 정신을 생각해야 하는 여행 중이었음에도 불구하고 나는 평소와 전혀 다름없이 행동하고 말았던 일을 이제 고백하려 한다.

열이틀에 걸친 긴 여정 중 몇 번째 날이었는지는 기억할 수는 없지만 죽음의 바다 사해를 보러 간 날이었다. 사해는 초등학교 시절 배웠던 곳, 염분이 다른 바다에 비해 높아 생물들이 살 수 없을 뿐만 아니라 사람도 쉽게 둥둥 잘 뜬다고 배웠던 바로 그곳이었다. 잘못해서 다리가 붕 떠서 빠져 사해의 물을 마시면 무척 고통스러우니 조심조심 들어가야 한다고 가이드도 몇 번씩 일러주었다. 정말 나처럼 수영을 못하는 사람도 뜰 수 있을까. 지구의 다른 한쪽 끝 이곳에 내가 실제로 와서 몸을 담글 수 있다는 것에 마음이 뛰었다. 멀찌감치 바라본 사해는 검푸른 바다가 아니라 에메랄드빛의 아름다운 호수였다.

남편이 손을 잡아주고 다리를 들어보라고 했다. 분명히 가볍게 뜰 수 있을 것 같은 느낌은 드는데 워낙 물을 무서워하는 처지라 쩔쩔매고 있을 때였다. 갑자기 저만치서 나이 드신 두 자매분 가운데 한 분이 마음만 앞서 서둘러 뛰어들다가 붕 뜨는 바람에 깊지 않은 곳이었음에도 당황하여 허우적대기 시작했다. 원래 다른 이의 어려움을 보면 그냥 지나치지 못하는 착한 남편이 나를 서게 하더니 내 손을 놓고 그곳으로 도와주러 가려 했다. 순간 내 머릿속에 스치는 생각. '성지 순례하던 50대 관광객, 사해에서 허우적대던 할머니를 구하고 익사.'라는 가상의 신문기사가 머리를 가득 채웠다. 나는 조금도 머뭇거리지 않고 남편을 뒤에서 꽉 끌어안았다. "안돼요, 여보. 가지 마세요." 그러는 1, 2초 사이 같은 일행에 있던 보다 젊고 체구가 큰 남자가 다가가 할머니의 손을 잡아 일으켰다. 나중에 보니 남자의 허리와 팔뚝에는 죽을힘을 다해 움켜쥔 그 할머니가 다섯 손가락 손톱으로 후벼 판 상처가 선명하게 나 있었다.

그때 그곳에서 내가 한 행동, 바로 그런 것이 오미션의 죄가 아니고 무엇인가. 나 자신만 비겁한 것이 아니고 남편까지 용기없는 사람으로 만들었던 그 일이 두고두고 부끄럽기만 하다. 아무에게도 말 못하고 나 혼자만 가지고 있던 비밀스러운 오미션의 죄. 이제는 고백하고 자유로워져야겠다. 나는 정말 가증스러운 죄인이다.

(2013년 7월)

아우슈비츠의 통곡

내 평생 절대로 가보고 싶지 않았던 곳, 그러나 꼭 한 번은 가보지 않으면 안 될 곳이었다. 폴란드의 아우슈비츠 수용소. 책과 영화를 통해 수도 없이 읽고 보고 들었던 그 끔찍한 곳을 실제로 보면 내 가슴이 얼마나 분노로 떨릴지, 그래서 내 여린 마음에 돌이킬 수 없는 상처가 나면 어쩌나 두려웠다.

몇 년 전 초여름, 동유럽 여행을 떠났다. 11시간이 넘는 비행 끝에 체코의 프라하공항에 도착, 브르노라는 도시에서 여행의 첫밤을 지냈다. 다음 날 아침 그곳을 출발해 버스로 폴란드의 국경을 넘었다. 나의 눈은 아름다운 동유럽의 초여름 경치를 보고 있었으나 마음은 온통 악명 높은 그 수용소에 대한 생각으로 가득 차 있었다. 정말 그런 일이 있었을까? 사람의 탈을 쓰고 그런 악행을 저지를 수 있는 사람이 정말 있기는 했던 것일까? 마침내 도착하여 가이드의 설명이 시작되었다. 영화에서 보았던 장소가 거기에 있었다. 정말이었다. 믿고 싶지 않았던 그것은 실제 있었던 인간 역사의 한 부분이었다. 수많은 유대인이 들어서던 수용소 정문에는 "ARBEIT MACHT FREI(일하면 자유로워진다)."라고 쓰여 있었다. 그것을 보고 유대인들은 열심히 일하면 살아날 수도 있으리라는 실낱같은 희망을 품었다고 했다.

히틀러라는 한 광인(狂人) 때문에 죄 없는 유대인 600만 명이 학살당했는데 그 가운데 200만 명 가량이 이 수용소에서 갖은 고통을 다 당하다 죽었다고 했다. 유태인들이 소유하고 있던 물건들이 한 방 가득 쌓여 있었다. 옷, 부엌용품, 장신구 등. 그곳에 갓난아이의 옷도, 서너 살짜리의 원피스도 있었다. 내 가슴속에서 진저리가 쳐진다. 악행을 저지르던 그들도 가족이 있었고 어린 자녀들도 있었을 텐데 어찌 이리도…. 가스실에서 죽은 사람들의 머리카락이 또 다른 한 방을 차지하고 있었다. 구두가 또 한방 가득. 지금이라도 "어머, 내 구두!" 하면서 누군가 찾아 신을 수 있을 것만 같았다.

벽에는 희생된 유대인의 사진들이 빼꼭하게 걸려있었다. 하나같이 줄무늬의 죄수 옷을 입고 있다. 어느 사진에는 누군가가 꽃을 꽂아 놓은 것도 있었고 글을 써놓은 것도 있었다. 저 한 사람 한 사람 모두 누군가에게는 사랑하는 아들이요 딸이었고 남편이요 아내였을 텐데 하는 생각으로 마음이 말할 수 없이 착잡했다.

아주 젊었을 때 읽었던 《죽음의 수용소에서》라는 책에 나온 이야기다. 저자인 오스트리아의 정신과 의사였던 빅터 프랭클은 유대인이라는 이유로 부모, 형제, 그리고 아내와 함께 수용소로 보내졌다. 가족들은 뿔뿔이 다른 처소로 보내져 만날 수 없었다. 프랭클은 고난 가운데서도 인간의 존엄을 지키려고 애를 썼다. 계속되는 고통을 견디기 위해 마음속에서 끊임없이 아내와 대화를 나누었다. 어느 달 밝은 날 밤, 그날은 사랑하는 아내의 스물네 번째 생일이었다. 프랭클은 달을 쳐다보며 아내를 생각했다. 지금쯤 아내도 저 달을 보고 있으려니… 연약한 몸에 모진 고생을 어떻게 감당하고 있을까. 사랑하는 아내가 너무도 그리웠다. 그러나 나중에 수용소에서 풀려나와 알아보니 달이 밝던 그 날 아내는 이미 가스실에서 희생된 후였다. 책을 읽을 당시 나도 젊은 아내였던 탓일까. 주인공의 감정이 이입된 채 슬픔을 가눌 길 없어 한참을 울었고 그 이야기를 수십 년이 지난 지금도 잊지 못하고 있다. 그 머리카락 방에 그의 아내의 머리카락도 있을 것 같았다.

수용소 한켠에는 1992년 이스라엘 대통령, 헤르조그(HERZOG)가 방문해서 세웠다는 비석이 서 있다. 시편을 인용한 비문은 독일어, 영어, 히브리어로 쓰여 있었다.

"MY SORROW IS CONTINUALLY BEFORE ME(내 슬픔은 끊임없이 내 앞에 있고. 시편 38편 17절)." 나는 왠지 '슬픔'이라는 표현이 자꾸 '분노'라고 읽히는 마음을 누르느라 애써야만 했다. 그 이유를 생각해 내는 데는 그리 오랜 시간이 걸리지 않았다.

언젠가 바르셀로나에서 열리는 학회에 참석하는 남편과 동행한 적이 있다. 부부동반의 만찬에서 내 앞에 앉았던 시카고에서 온 교수의 슬픈 얼굴을 나는 아직도 마음 아프게 기억하고 있다. 그가 우리 내외에게 물었다. 당신들의 나라는 전쟁을 겪었는데 희생된 가족이 없느냐고. 나도 남편도 한국전쟁을 겪었지만 다행히 우리는 가족을 잃는 슬픔을 겪지는 않았다. 형제가 몇이냐고 물어서 남편은 네 형제 그리고 나는 여섯 형제라고 말해주었다. 그는 눈물이 글썽해서 당신들은 참 복이 많은 사람이라고 했다. 자신은 유대인이며 아주 어렸던 자신을 제외하고는 부모도 형제도 모두 아우슈비츠 수용소에서 학살당했다고 했다. 나는 오랜 세월 동안 빛이 바랬을지언정 그 슬픈 얼굴에 서려 있던 분노를 보았다. 그렇다, 슬픔이라는 단어 속에는 분노가 조용히 내재해 있었다.

그래도 독일인들은 자신들의 죄를 솔직히 인정하고 사죄했으므로 유대인도 그들을 용서할 수 있었다고 생각한다. 그래서 그들은 말한다, 용서는 하되 잊지는 말자고. 독일에 버금가는 죄를 저지르고도 이런저런 말도 안 되는 변명을 늘어놓으며 자신의 죄를 인정하지 않고 용서를 구하지도 않는 일본을 우리는 어떻게 용서할 수 있을까. 용서란, 잘못한 자의 사죄가 선행되어야 할진대 그들이 진심으로 자신의 잘못을 인정하고 사죄한다면 우리라고 용서해주지 않겠는가. 답답한 마음을 안고 아우슈비츠를 떠날 때 날씨는 우리들의 마음처럼 어둡고 스산했다. 어디선가 고통에 겨운 비명이 들리는 듯했다.

(2012년 1월)

대표 바보

나이 드신 분들을 상대로 건강과 장수를 미끼 삼아 쌈짓돈을 뜯어내는 일이 자주 매스컴에 오른다. 나는 귀가 얇고 마음도 굳세지 못한 데다 어려서부터 잔병치레를 많이 하며 살다 보니, 아직 분별력 없이 이것저것 사들일 나이는 아니지만, 종종 실수하는 일이 있다.

지난 1월 캄보디아 여행 때의 일이다. 열일곱 명의 일행과 함께 2박 3일의 관광을 마치고 베트남으로 이동하기 전 가이드는 캄보디아의 특산품, 상황버섯 판매장으로 우리를 안내했다. 나는 그가 처음 만나면서부터 관광하는 내내 틈만 나면 상황버섯에 관해 이야기하는 데도 그것이 결국 버섯을 사고 싶은 마음이 생기도록 미리 설레발을 치고 있다고는 생각지 못했다. 그 여자 가이드가 그만큼 베테랑이라는 것을 느꼈을 때는 이미 내가 실수를 하고 난 후였다.

○○공사(公司)라는 간판이 크게 쓰여 있는 공장 안으로 안내 받아 들어가니 사장이, 특별히 아끼는 가이드가 데려온 팀이라고 바쁘신 몸이 손수 나와서 설명을 해주었다. 크기가 다른 여러 개의 버섯을 보여주는데 보통 30년 자란 것은 kg당 30만 원이고 100년을 자란 것은 100만 원이란다. 즉 버섯의 나이와 돈의 액수가 같다고 했다. 30만 원짜리는 이미 잘게 잘라 1kg씩 포장되어 관광객들이 앉아있는 책상마다 놓여 있었다. 그 사람의 설명을 듣고 있자니 이것이야말로 내게 꼭 필요한 보약 같은 것, 진작 알았더라면 내가 오늘처럼 몸이 약해서 고생하는 일은 없었을 텐데 하는 아쉬움이 들 만큼 좋은 것이었다. 다음에는 절대로 장사꾼의 설명에 속지 않으리라 번번이 다짐하는데도 나는 어느새 전과 똑같은 짓을 하고 있었다. 그 사람 말대로, 건강해진다면 30만 원이 그리 아까울 것도 없겠다는 생각이 들기 시작했다.

다음 단계. 이왕이면 조금 더 투자해서 효능이 몇 배나 되는 100년 넘은 큰 버섯 덩어리를 몇 명이 의논해서 나누어가라고 했다. 일부분을 잘라서 팔지는 않는다면서. 하지만 일행 중 아무도 관심을 보이지 않았다. 가이드는 사람들의 호응이 좋지 않은 것을 보고는 당황하기 시작했다. 문제는 나였다. 궁금한 것은 무엇이든지 물어보는 성격이라 몇 가지 질문을 했다. 그랬더니 이 아가씨가 나에게 딱 달라붙어 애원에 가깝게 물고 늘어진다. 이런 상황이 되면 그 사람을 실망시키면 얼마나 슬퍼할까 하는 자애로운 마음이 들어 나마저 박절하게 거절하지 못하는 바보 같은 버릇이 있다. 스스로 생각해도 한심할 정도로 나의 오지랖은 왜 그럴 때면 갑자기 그렇게 넓어지는 것인지 모르겠다. 어쨌건 이리저리 이야기가 오가다 나 혼자만 사장님의 특별한 배려로 아주 많이 할인받아 사기로 했다. 그곳의 직원이 잘게 자르기 시작하자 비로소 뭔가 실수한 것 같은 생각이 들었지만 이미 엎질러진 물이었다. 마음이 편치 않아 떨떠름하게 기다리고 서 있는데 가이드는 다른 사람은 아무도 살 것 같지 않으니 내게 와서 "사모님, 언제 또 캄보디아에 이것 사러 오시겠어요. 오신 김에 이렇게 좋은 것 1kg만 더 사다가 두고두고 드시면 좋지 않겠어요!" 하며 나를 다시 설득하려 했다. 이번에는 단호하게 이것만도 벅차요 하며 거절했다.

 가게 밖으로 나와 차를 기다리는 동안 일행들이 나에게 고맙다고 했다. 만약 아무도 안 샀으면 가이드가 화가 나서 심술을 부렸을 텐데 사모님 덕분에 무사히 베트남으로 갈 수 있게 되었다고 하면서 모두 웃었다. 돈 계산 감각이 좀 늦은 나는 버스에 올라서 혼자 생각할 시간을 얻자 비로소 내가 또 엄청난 바보짓을 아주 대표로 했구나 하는 생각에 기가 죽고 몇만 원도 아닌 큰돈을 낭비한 것에 대해 남편한테 미안했다. "어떻게 해요. 또 어리석은 짓을 했으니. 나는 왜 매번 이러는지 몰라! 미안해요. 하지만 당신도 내 옆에 있으면서 어째서 말리지 않았어요?" 남편이 아무 말 안 하는 것이 더 미안해서 스스로 자아비판(?)을 해가며 적반하장격으로 남편을 원망했다. 모처럼 여행 와서 당신이 즐거운 마음으로 사겠다고 하는데 어찌 말릴 수 있겠느냐며 비싼 것이니까 분명 효능이 좋을 테니 잘 달여 먹고 튼튼해지면 좋겠다는 것이 그의 대답이었다. 이럴 때는 남편의 바다 같은 너그러움도 고맙지 않다.

바보짓을 한 이야기를 하자면 이것이 처음이 아니다. 호주 여행에서는 수맥을 차단해서 잠을 잘 자게 하는 효능이 있다고 해서 알파카 털로 만든 깔개를 샀다. 불면증으로 고생하던 때였으니 내게 꼭 필요한 것이 아닐까 하는 생각이 들어 양모이불보다 몇 배나 비싼 값을 주고 깔개를 사가지고 왔다. 효과(?) 글쎄. 만약 그것이 정말 효과가 있다면 이 지구상의 수많은 사람들이 불면증으로 고생할 리가 없겠지. 지금은 곱게 접어 장롱 속에 고이 모셔두었다.

처음 중국을 여행할 때 중국국립대학부설한의원(가이드는 믿을 만한 곳이라는 뜻으로 이 부분을 강력하게 부각했다.)에서 부담 없이 진찰만 받아보라고 해서 따라갔다. 의사가 맥을 짚어보고 몸의 이곳저곳을 만져보면서 병소(病巢)를 찾아내고 그 경우에 좋은 약을 권했다. 옆에 있던 남편이 탐탁찮게 여기는데도 불구하고 두 종류의 약을 사고 말았다. 집에 돌아와 약을 먹기도 전에 중국관광 길에 산 약을 먹고 혼수상태에 빠진 사람의 이야기가 들려왔다. 놀래서 약을 상자 채로 버렸다. 나야 원래 귀도 얇고 거절을 못 하는 바보라서 그렇다고 쳐도 이성이 발달한 그이는 왜 좀 강력하게 말리지 못하는지 모르겠다.

캄보디아를 떠나 베트남으로 가는 비행기 안에서 그이한테 신신당부를 했다. 제발 앞으로는 여행 가서 이런 것 내가 아무리 산다고 고집부려도 당신이 못하게 확고하게 막아달라고. 그가 그러마 하고 약속을 했으니 다시는 내 바보짓이 되풀이되지 않겠지. 특산품이건 아니건 해외에서는 가능한 한 지갑을 열지 않겠다고 새삼 다짐하게 한 상황버섯. 지금도 부엌 한 귀퉁이의 슬로우 쿠커 안에서 쉬지 않고 끓고 있다.

(2012년 3월)
—《한국수필》 2013년 4월호 등단작

아가야, 나 말고 너

좀처럼 추위가 누그러들지 않는다. 눈이 쌓여 길도 미끄러워 특별한 용무가 없으면 집에서 나갈 엄두를 못 내고 지내고 있자니 답답하기 이를 데 없다. 구정을 열흘쯤 앞두고 우리는 따뜻한 나라 동남아의 캄보디아와 베트남을 여행하기로 했다. 따뜻한 곳에 가서 며칠 활개 치다 오면 생기가 날 것 같았다.

인천공항에서 저녁 비행기를 타고 다섯 시간쯤 후에 캄보디아 시엡립 공항에 내렸다. 우리나라와는 두 시간의 시차가 있는 그곳도 밤이었으므로 호텔에 들어가 내일부터의 관광을 위해 쉬었다.

캄보디아의 대표적인 관광지는 누구나 알고 있듯이 앙코르 유적지다. 12세기 크메르 제국의 황제 수르야바르만 2세가 자신의 유해를 안치하고 자신과 신(神)을 일치시키기 위해 만든 사원으로 건축에만 30년이 걸렸다고 한다. 유적지가 모여 있는 지역은 너무 넓어 걸어 다니기는 힘들다고 했다. 가이드는 우리를 '툭툭이'라고 하는 오토바이 택시에 두 사람씩 타고 이동해 다니도록 했다. 처음으로 간 곳이 앙코르 와트. 가까이 다가가서 보니 사진으로 보고 기대했던 것보다 보존 상태가 너무 나빴다. 이곳저곳이 무너져 내려 검은색 직육면체 돌들이 무더기 지어 널려있었다. 특이한 것은 그 모든 건축물이 제각기 크기가 다른 직육면체의 돌을 쌓고 조각한 것이었다. 큰 바위 한 개를 쪼아서 조각한 우리나라의 불상과는 제작 방식이 전혀 다르다. 건물 전체를 뒤덮고 있는 섬세한 조각에는 감탄하지 않을 수 없었다. 그 밖에도 앙코르 톰, 파미나카스 신전 등 여러 곳을 둘러보았으나 우리나라의 궁궐들이나 절들이 모두 비슷하듯이 그들의 사원들도 거의 유사한 모습을 하고 있었다.

유적지 곳곳에는 다리가 잘린 사람들이 모여 앉아 관광객들에게 연주를 해주며 '원 달러'를 기다리고 있었다. 캄보디아 내전 당시 설치해 놓은 발목 지뢰 때문에 지금도 부상자가 끊임없이 나온다니 안타까운 일이다. 우리가 지나가자 한국 관광객인 줄 알아보고 <아리랑>을 연주하며 우리말로 노래까지 불러주었다. 마음이 찡 하니 저려왔다. 이때부터 일 달러짜리 지폐는 수도 없이 우리들의 주머니를 빠져나가기 시작했다.

다음날은 톤레삽 호수를 보러 갔다. 가는 길에 보이는 광경은 참으로 처절했다. 개천을 따라 둑에 기둥을 세우고 짚 같은 것으로 만든 빈민들의 집이 늘어서 있다. 어디선가 본 적이 있는 풍경이었다.

6·25전쟁이 나던 해 태어나 동대문 근처에 있던 초등학교에 다니던 나는 어느 날 같은 반 친구를 따라 그 친구의 집에 가 본 적이 있다. 친구가 살던 곳이 바로 청계천 빈민촌이었다. 너무 어렸기 때문이었을까. 그 애가 가난하다든가 하는 것은 몰랐고 친구의 집이 무척 재미있다고 생각했다. 방바닥에는 구멍이 몇 개 있어서 들여다보니 개천물 흐르는 것이 보였다. 그 기억을 떠올리니 지금의 캄보디아가 60년대의 우리나라만큼 가난하다는 이야기가 실감 났다.

목적지에 도착하자 까맣고 눈만 반짝이는 대여섯 살쯤 된 아이들이 버스로 몰려든다. 모두 조그만 그릇에 알록달록한 팔찌들을 담아서 관광객 한 사람에 서너 명씩 달라붙는다. 그곳에 사는 교민들의 자원봉사로 한국말을 배운 아이들은 우리말을 외워서 녹음기를 틀어놓은 듯 계속 같은 말을 반복했다.

"원 달러 다섯 개. 나 오늘 하나도 못 팔았어. 배고파. 아줌마 팔아줘." 가지고 있던 일 달러 지폐를 다 써서 이번에는 피해 보려고 했으나 조그만 녀석이 어찌나 집요하게 따라 붙는지 하는 수 없이 다른 사람에게 잔돈을 바꿔서 주고 팔찌 다섯 개를 받았다. 그랬더니 이 녀석, 깍듯이 인사까지 한다.

"감사합니다. 안녕히 가세요.. 성공하세요."

성공? 나는 어이도 없고 불쌍해서 그 아이의 등을 두드려 주면서 말했다.

"아가야, 나 말고 너 꼭 성공해라. 너 열심히 공부해서 꼭 성공하기 바란다." 그때 내 손을 적신 아이의 티셔츠에 배어있던 땀이 그 녀석의 눈물로 느껴지며 내 마음을 무겁게 했다. 꿈을 꾸어야 할 귀한 아이들에게 누가 이토록 처절한 가난의 무게를 지워주었단 말인가.

톤레삽 호수에는 몇몇 수상가옥이 있었다. 형편없이 낡은 배에 흔들리며 살아도 둘레에는 꽃이 핀 화분으로 예쁘게 장식해 놓았다. 아름다움을 갈구하는 사람의 심성은 주어진 환경과는 상관없이 다 같은 것임을 느낄 수 있었다. 이 호수가 동양에서 최대라고 하더니 정말 수평선이 끝없이 펼쳐져 있었다. 안타깝게도 호수의 물은 맑지 않았는데 수상가옥에 사는 사람들은 그 물로 밥도 짓고 목욕도 한단다. 실제로 배와 배 사이에 내려와 목욕하는 여인을 보았다.

캄보디아가 가난할 수밖에 없는 데는 다 그만한 이유가 있음을 누가 설명해주지 않아도 알 수 있었다. 첫째, 킬링필드 크메르루즈 정권 때 첫 번째 숙청 대상이 지식인들이었다고 한다. 폴 포트를 위시한 권력을 잡은 자들은 어이하여 지식인이 전무(全無)한 자신의 조국이 앞으로 어찌 될 것인가를 생각지 못했을까? 둘째로, 캄보디아의 언어는 크메르 어인데 글자가 얼마나 복잡한지 문맹률이 높을 수밖에 없겠다는 것이다. 나도 그런 글을 배우라면 포기할 것만 같았다. 그 복잡한 글자 가운데 단정하기 이를 데 없는 우리글로 쓰인 간판을 드문드문 볼 수 있었다. 그곳 교민들이 세운 학교, 의료봉사단, 선교단체의 빈민구제 사업 등. 60년대 우리나라도 이처럼 가난해서 많은 선진국의 도움을 받았었는데 이제는 우리가 이 가난한 나라들을 돕고 있다는 것이 감격스러웠다. 일 달러짜리 몇 장을 벌어 끼니를 잇기 위해 아장아장 걷는 아이까지 길거리로 내몰린 캄보디아를 보면서 지금 우리가 누리는 이 풍요가 사치나 죄악이나 교만으로 흘러서는 절대 안 되리라는 다짐과 함께 이 나라 또한 하루속히 경제부흥을 이루어 적어도 어린이는 어린이답게 사는 나라가 되기를 기도하며 다음 관광지로 발길을 옮겼다.

(2012년 2월)

마침내 백두산에 오르다

7월의 무더위가 계속된다. 맴맴 쓰르람 밤낮없이 계속되는 매미 소리가 조용히 앉아있던 엉덩이를 들썩이게 한다. 이 계절에 여행할 만한 곳이 어디일까?

여름에만 가능하다는 백두산 여행을 위해 집을 나섰다. 몇 주 전 현지의 일기예보를 보아가며 여행 일자를 정했으나 막상 떠나는 날이 되자 그곳 날씨는 연일 비가 내리는 것으로 바뀌어 있었다.

몇 년 전부터 금강산 여행이 허락됐어도 북한의 변덕 때문에 무슨 불상사가 발생할지 몰라 미루다가 못 가고 만 것과 마찬가지로 백두산도 비행기를 타고 북쪽으로 가는 동안 무슨 일이 일어날지도 모른다는 막연한 두려움 때문에 차일피일 미루어 왔었다. 또 한 가지는 내 나라의 것을 보기 위해 남의 나라를 통해 가야 한다는 것도 마음에 들지 않았다. 통일되면 당당히 내 나라 땅을 밟고 가고 싶었다. 그러나 6·25전쟁이 일어나던 해에 태어난 내가 환갑을 넘기도록 통일은 이루어질 기미도 보이지 않으니 더 나이 들어 산을 오르는 일이 불가능해지기 전에 이제는 어떤 경로를 통해서든 가야겠다, 가서 내 나라 꼭대기에 자리 잡고 있는 산, 머리에 천지를 이고 있는 명산 백두산을 꼭 보아야겠다는 결심을 하게 되었다.

  백두산은 워낙 바람이 세고 춥고, 게다가 비까지 올 것이라고 하여 우리 내외는 우산에 비옷, 그리고 두꺼운 잠바까지 가방 가득 채우고 집을 나섰다. 공항에서 언니를 만나 함께 비행기에 올랐다. 한 시간 반 남짓, 심양 공항에 내렸다. 마중 나온 가이드를 따라 버스를 타고 4시간여를 달려 통화라는 곳에 도착했다. 우리나라는 버스를 타고 4시간을 달리면 나라의 끝까지 갈 수도 있는데 중국이란 나라는 워낙 커서 이 정도 버스를 타고 다니는 것은 아무것도 아니라고 했다.

  통화에 도착하자 가이드는 내일 백두산 등정을 하려면 미리 피곤을 풀어놓아야 한다며 전신 마사지를 받으라고 했다. 여행의 시작점에 아직 피곤을 느낄 때가 아니었음에도 불구하고 일행은 가이드의 의도대로 어쩔 수 없이 아주 피곤한 여행객이 되어 마사지를 받을 수밖에 없었다. 많은 경험자들에게 들어서 알고 있던 것처럼 이때부터 가이드의 돈 벌기 작전은 가이드 본연의 임무수행보다 앞섰다. 하지만 안 좋은 기억은 머릿속에서 지워버리는 것이 상책이다.

　다음 날 아침 다시 버스를 타고 꿈에도 그리던 백두산을 향해 출발했다. 어제부터 가이드는 날씨가 나빠 백두산 천지를 보기는 힘들 것이라며 그냥 백두산에 오른다는 것으로 만족하라고 했다. 원래 백 번 올라 두 번 볼 수 있어서 백두산이라고 하는 것이라고 너스레를 떨었다. 하지만 아침에 일어나니 날씨가 맑게 개어있었다. 상쾌한 마음으로 달리는 버스 창으로 밖의 경치를 감상했다. 참 넓은 나라라는 것이 실감 났다. 끝없이 펼쳐진 기름진 농토와 잘 자라고 있는 농작물들. 도로 변도 생각보다 깨끗하고 시원스러웠다.

　중국 쪽에서 백두산을 오르는 코스가 북파와 서파 두 종류가 있는데 우리는 그중에 서파 등정을 택했다. 셔틀버스로 갈아타고 가서 내린 곳이 해발 2천 미터가 넘는 곳이었다. 그곳부터는 1,236계단을 걸어서 올라가야 천지를 볼 수 있다. 우리 세 사람도 부지런히 오르기 시작했다. 남편과 언니뿐 아니라 일행 모두 문제없이 올라가는데 나는 몇 계단 오르기도 전에 숨이 차오르기 시작했다. 고산증인지 아무리 애써도 속력이 나지 않고 시간은 자꾸 흐르고 가이드가 지시한 시간까지는 아무래도 다녀올 수 없을 것 같았다. 아니, 그 시간 안에 나는 천지까지 오르지도 못할 것은 뻔했고 그만 심장이 터져버릴 것 같이 고통스러웠다. 곁에 있던 가마꾼이 자꾸 타라고 하지만 자칭 박애주의자인 내가 나 편하자고 돈 몇 푼 쥐여주고 가마꾼을 부릴 수는 없었다. 어떻게 해서든 내 힘으로 해보려 했지만 소용없었다. 그렇다고 거기까지 가서 천지를 보지 않고 올 수도 없는 노릇이었다. 상황 판단이 나보다 빠른 남편이 천지 보기를 포기하지 않으려면 어쩔 수 없다고 나를 가마에 억지로 태웠다. 너무나 죄스러워 나는 얼굴을 가리고 가마에 실려서 올라갔다.

천지! 어릴 때부터 겨레의 성산(聖山)으로 배웠고 우리나라의 자랑으로 알고 자부심을 느끼며 꼭 보고 싶었던 천지가 거기에 있었다. 구름 한 점 없었다. 둘레 14km의 세계 최고 최대의 칼데라 호가 어느 한 부분도 감추지 않고 그 위용을 우리 앞에 내보이고 있었다. 마치 왕관 같은 모습인데 둘레는 회색의 암벽이 둘려있고 보통 그림이나 사진에서 보는 것보다 암벽은 급경사로 제법 깊었다. 그리고 그 아래 하늘색을 그대로 받아서인가 짙푸른 물이 수많은 언어를 가슴에 품고 슬픔을 내포한 채 조용히 침묵으로 맞아 주었다. 가슴이 벅차오르는 감격. 어느 해외여행에서도 느낄 수 없는 감동이 가슴속에서 소용돌이치는 것을 느꼈다. 둘로 나뉘어 고통당하는 나라를 내려다보며 백두산, 천지는 얼마나 하고 싶은 말이 많았을까. 한동안 그 자리에 선 채로 꼼짝할 수가 없었다.

물까지 내려가 손이라도 적셔보고 싶었으나 그것은 허락되지 않았다. 자세히 둘러보니 북한과의 경계를 나타내는 5호 경계비가 있었다. 듣던 것과는 달리 지키는 사람도 없었고 경계비를 넘어 북한 땅을 밟아보는 사람들도 있었으나 우리는 그렇게 하지 않았다.

내려올 때는 여유가 있어 주변을 둘러보니 야생화가 만개하는 계절은 지났다고 해도 아직 이름 모를 여러 꽃을 볼 수 있었다. 일행들과 함께 걸어서 쌍제자하(雙梯子河)를 거쳐 금강대협곡으로 갔다. 쌍제자하란 그 옛날 지각변동으로 인해 지면이 양쪽으로 갈라져 형성된 지형으로 깊은 지하에 강이 흐르는 곳을 일컫는 것이라 했다. 금강대협곡은 참으로 근사했다. 천지에서 분출된 용암이 쓸고 내려가면서 만들어 놓은 협곡의 기묘한 괴석들과 천 길 낭떠러지 아래로 흐르는 에메랄드빛 계곡 물. 전체 길이가 15km에 달한다고 한다.

천지를 보면서 느꼈던 민족적 비애는 비단 나만의 것은 아닐 것이다. 언제쯤 우리는 설악산, 내장산, 지리산처럼 가고 싶으면 언제고 배낭 둘러메고 백두산으로 향할 수 있게 될까? 내가 보았던 천지의 그 슬픈 표정이 언제쯤이면 기쁘고 반가운 표정으로 느껴지게 될까? 그 날이 손꼽아 기다려진다.

(2012년 11월)

자매여행 이야기

 세 자매가 여행길에 나섰다.

나는 육 남매의 넷째, 딸로는 둘째 딸이다. 부모님 밑에서 옹기종기 자라던 일이 엊그제 같은데 어느새 우리는 손자, 손녀를 서넛씩 둔 할머니, 할아버지가 되었다. 몇 년 전 내 환갑 때도 어쩌면 세월이 이렇게 속절없이 가버렸을까 싶었는데 올해 나보다 3살 아래 여동생이 환갑을 맞고 보니 그런 생각이 더욱 절실했다. 그래서 우리 자매들끼리 더 늙기 전에 추억을 하나 만들기로 했다.

나는 국을 한 솥 끓이고 남편이 좋아하는 북어포 찜 한 냄비에 장조림을 푸짐하게 해놓고 김치도 꺼내먹기 좋게 썰어 냉장고를 채워놓았다. 목련 봉오리가 잔뜩 볼을 부풀리고 있는 4월 11일은 북한에서 금방이라도 핵폭탄을 터뜨릴 기세로 연일 시끄럽게 떠들고 있을 때였다. 그런데도 남편은 걱정하는 내 등을 밀며 "남편 걱정도, 나라 걱정도 말고 자매들끼리 재미있게 여행 잘하고 와요." 했다.

인천 공항에서 언니와 동생을 만나 비행기에 오름으로써 우리의 7박 9일 터키여행이 시작되었다. 나이가 들면서는 긴 여행에는 자신이 없어져 조금 망설이긴 했으나 세 사람이 안 가본 곳을 찾다 보니 터키를 택하게 되었다. 나보다 훨씬 건강한 언니와 동생이 행여 나 때문에 여행을 못 하게 되는 일이 생길까 봐 나는 한참 전부터 건강에 신경을 썼다. 그리고 어려서부터 동생들을 잘 돌봐주는 후덕한 언니와 매사에 똘똘한 동생을 믿고 편안하고 즐거운 마음으로 여행을 시작했다.

함께 여행하는 일행이 38명으로 많기는 했지만, 다행히도 인솔자와 현지 가이드가 여행객들이 불편하지 않도록 늘 웃는 얼굴로 유머와 재치를 잃지 않고 세심하게 운영해 주었다. 동행들도 모두 무난한 사람들이었으므로 별 어려움 없이 여행을 즐길 수 있었다. 한국 여행객들이 그렇게 많은데도 불구하고 한국 음식점이 거의 없어서 매일 터키 음식만 먹으니 조금 싫증이 났지만, 가지고 간 라면으로 중간에 한 끼를 때웠더니 나머지 식사들도 견딜 만했다.

2인 1실이 기본이었지만 우리는 물론 셋이 한방을 썼다. 방이 좀 비좁은 것이 흠이었으나 우리의 마음이 즐거우니 그런 것은 별로 문제 되지 않았다. 나이가 많은 축에 드는 우리는 조금 일찍 자고 아침에도 천천히 출발하기를 바랐다. 그러나 가능하면 많은 곳을 보고, 많은 것을 경험하고 싶어하는 여행객들의 일반적인 기대에 맞춰 짜인 일정이라 거의 매일 밤늦게 호텔에 들고 새벽같이 일어나 출발하는 강행군이었다.

호텔에 들어가 셋이 번갈아 씻고 나면 다음 날 아침 시간을 절약하기 위해 입을 옷을 미리 챙겨놓아야 했다. 언니와 동생은 가방을 뒤져 여러 옷을 꺼내보며 내일 날씨에 맞을 옷을 서로 골라주느라 바빴다. 나는 갈아입을 속옷 외에는 그저 날씨 변화가 심하면 바꿔 입을 수 있는 아주 기본적인 옷만 가져갔으므로 특별히 챙길 것이 없었다. 두 사람이 옷을 코디하느라 분주한 것을 구경하는 내게 왜 옷을 챙기지 않느냐고 물었다. 옷을 별로 가져오지 않았다고 하자 언니와 동생이 서로 자기 옷을 빌려주었다. 며칠을 그렇게 하자 두 사람은 '그럼 네 가방에는 뭘 넣어 왔느냐. 가방의 크기는 셋이서 똑 같은데 네 가방에는 옷도 없으면서 무엇으로 채웠느냐 궁금하니 한번 보자.'면서 내 가방을 방 가운데로 끌어다 놓고 뚜껑을 열었다. 컵라면 다섯 개와 일회용 김 여섯 봉지가 윗면에 한자리 차지하고 있다가 갑자기 열어젖히는 기운에 밖으로 튀어나왔다. 동생은 컵 라면을 분해해 면은 면대로 컵은 컵대로 차곡차곡 넣어 부피를 줄인 것을 자신의 가방에서 꺼내 보여주었다. 나도 제법 여행을 많이 했으므로 가방 싸는 일은 거의 달인

수준이라고 생각했었는데 역시 동생이 나보다 훨씬 똑똑했다. 그 밑에는 입고 간 옷보다 더 두꺼운 코트가 가방 반은 차지하고 있고 나머지도 한 결같이 겨울옷인 것을 본 두 사람은 "에구 누가 추위 타는 사람 아니랄까 봐. 언니, 좀 심했다. 일기예보 안 봤어? 우리나라하고 비슷하다고 했잖아."

"우리나라와 비슷하다길래 이렇게 가져온 거야. 내가 여기 오기 전까지 얇은 옷 입고 나갔다가 추워서 얼마나 많이 떨었는데. 더우면 안 입으면 그만이지만 추운데 얇은 옷밖에 없으면 낭패잖아." 말을 하는 나도 듣는 두 사람도 가방 속 광경에 어이가 없어 우리 셋은 박장대소하고 말았다. 결국, 나는 내가 가져간 옷은 가방 속에 고스란히 넣어둔 채 두 사람의 옷을 빌려 입으며 여행을 했다.

일곱 밤을 매번 다른 호텔에서 잤다. 유난히 잠자리에 예민한 나를 위해 두 사람은 불평 한마디 없이 항상 가장 아늑하고 좋은 자리를 내게 양보해주었다. 언니와 동생은 툭하면 배탈과 설사로 고생하는 나를 염려해 식사시간마다 이것저것 신경 써주었다. 자신은 별로 좋아하지 않으면서도 내가 좋아하는 간식을 챙겨온 두 사람의 염려 덕분에 열흘 가까운 여행에 배탈 한 번 나지 않고 잠자리가 불편해 날밤을 새운 일도 없이 건강하게 즐거운 여행을 할 수 있었다.

이스탄불 공항을 출발해 서울까지 오는 열한 시간 남짓, 단

한 석도 남김없이 만석인 비행기 안에서 다행히도 우리는 셋이 나란히 앉아 올 수 있었다. 언니와 동생 사이에 앉아 오면서 나는 많은 생각을 했다. 한 부모의 피를 나누어 받았다는 것이 이렇게 따듯한 것이로구나. 평소에도 그런 것을 모르지는 않았으나 이번 여행을 통해 새삼 느끼게 해준 언니와 동생이 참으로 고마웠다. 그동안은 엄마 살아계실 때 늘 말씀하신 대로, 전쟁 때문에 갓난아기 때부터 젖도 제대로 못 얻어먹은 탓에 몸이 허약해 다른 형제들에게 돌봄을 받는 것을 당연한 듯 여겨온 나였다. 하지만 이제부터는 아니다. 칠순을 바라보는 언니에게는 살가운 동생으로서, 미제 막 이순에 들어선 동생에게는 푸근한 언니로서, 그동안에 받아온 사랑을 갚으며 오래오래 지금처럼 사랑을 나누며 살고 싶다. 새롭게 다짐하며 내 어깨에 기대 잠든 언니의 머리를 살며시 쓸어 올려주었다.

(2013년 5월)

6.
여중생과 국회의원

도박의 마력
선진사회와 장애인
여중생과 국회의원
보다 좋은 나라로 가는 길목에서
운전하면서 TV 시청하는 세상
좋아진 세상에서 생각해 본다

도박의 마력

최근 <반짝반짝 빛나는>이라는 드라마에서 아버지가 도박에 빠져 가족들을 고생시키는 이야기를 보았다. 도박 때문에 앞길이 창창한 개그맨이 추락한 사건도 있었고. 꼭 이렇게 예를 들지 않아도 도박이 사람을 파멸의 길로 이끈다는 것은 누구나 알고 있는 일이다.

옛날에는 무엇 때문에 사람들이 저렇게 어리석은 짓을 할까, 도박으로 부자가 된 사람이 있다는 말을 들어본 일이 없는데 왜 저런데 발을 들여놓고 허우적거리는 걸까 이해가 되지 않았다. 그런데 우연한 기회에 나는 그 사람들의 마음을 어느 정도 이해할 수 있는 경험을 했다.

그러니까 한 8, 9년 전, 미국의 서부를 여행할 때의 일이었다. LA와 샌프란시스코를 거쳐 라스베이거스에 도착했다. 호텔마다 나름대로 특징을 보여주기 위한 쇼를 해서 관광객들을 유인하고 있었다. 그중에는 무료로 보기에 꽤 괜찮은 것들도 있었다. 밤이 되니 라스베이거스는 더욱 생기를 얻고 아름다운 야경으로 사람들의 시선을 사로잡았다. 라스베이거스를 관광한다는 것은 그곳의 수많은, 그리고 각각의 특징을 자랑하는 호텔들을 구경하는 것이라고 해도 과언이 아니었다. 가장 아름다운 장면으로 기억에 남아 있는 것은 벨라지오 호텔의 분수쇼였다. 음악에 맞춰 내뿜는 분수도 장관이었지만 배경음악도 참으로 아름답고 가슴을 적시는 것들이었다. 그중에서도 남녀 성악가(사라 브라이트만과 안드레아 보첼리)가 환상적인 듀엣으로 부르는 <Time to say goodbye>가 나올 때는 그대로 분수에 뛰어들고 싶었다. 그리던 왕자님을 만나 춤을 추는 먼 옛날의 공주가 된 듯한 환상 속으로 빠져들었다.

투숙할 호텔에 들어가면서 가이드는 모두들 카지노에서 즐기다가 늦게 주무실 테니 내일 아침에는 천천히 출발하겠다고 말했다. 남편은 내게 아래층에 슬롯머신이 많이 있던데 한 번 해보겠느냐고 물었다. 그런 말씀 마시라고, 도박꾼들이나 하는 것에 손을 대라니 나를 어떻게 보고 하는 소리냐고 살짝 화를 내고 그대로 잠자리에 들었다.

밤에 충분히 잔 덕분에 아침에 일찍 눈이 떠졌다. 출발준비를 마치고 났는데도 아직 한 시간쯤 여유가 있었다.

"라스베이거스까지 왔으니 재미삼아 카지노에 내려가 슬롯머신 몇 번 당겨보는 것도 의미 있는 일 아니겠소?"라는 남편의 권유를 받아 들였다기보다는 남은 시간이 무료해서 게임기가 있는 곳으로 내려갔다.

남편이 20불을 게임용 코인으로 바꿔 와서 둘이 나란히 앉아 난생처음으로 그 슬롯머신이라는 것을 해보았다. 요령도 모르고 그냥 코인 넣고 당기고, 다시 넣고 당기고 하는데 코인이 처음보다 많아지는 것이 아닌가. 아, 이거 재미있네. 막 재미를 붙이기 시작했는데 남편이 출발 15분 전이니까 그만하라고 했다. "15분이면 몇 번 더할 수 있잖아요?" 남편은 내 반응이 재미있다는 듯이 "당신, 안 한다고 딱 잡아뗄 때는 언제고." 하면서 모인 코인들을 가지고 가서 현금으로 바꿨다. 50불이었다. 처음 들어간 밑천을 제하고도 즐겁게 노는 동안 30불의 불로소득이 내 손안에 들어온 것이다. 이런 것인 줄 알았더라면 어젯밤에도 할 걸 그랬네, 좀 늦게 출발하면 안 되나? 한 시간만 더해보고 싶었다. 그러면 백 불쯤은 딸 것 같은데 아쉬웠다. 다들 그러다가 도박으로 재산 날리는 것이니 이쯤 재미 본 것으로 만족하라고 남편이 말했다. 버스가 출발했는데도 내 눈에는 슬롯머신이 계속 아른거렸다.

그로부터 2, 3년 후 뉴욕에 사는 먼 친척뻘 되는 오빠네 집을 방문할 기회가 있었다. 오빠는 이틀을 휴가 내서 하루는 뉴욕 시내를 구경시켜주고 다음날은 올케언니와 나를 데리고 드라이브를 시켜 줄 테니 미국의 아름다움을 눈여겨보라며 목적지를 알려주지 않은 채 몇 시간을 운전해 갔다. 도착해보니 뉴저지 주에 있는 애틀랜틱시티라는 카지노로 유명한 곳이었다. 내가 눈을 반짝이며 즐거워하자,

"너 정말야? 우리 범생이 아가씨가 어쩐 일이지? 나는 네가 화낼까 봐 조마조마했는데 참 별일이네." 오빠는 의외라는 듯이 놀라며 말했다.

오빠가 20불을 코인으로 바꾸어다 주면서 잘 될 것으로 보이는 슬롯머신을 골라주었다. 무엇을 보고 골랐는지 모르지만 하여간 거기 앉아서 전에 아쉽게 끝내야만 했던 원풀이를 하는 마음으로 열심히 당겼다. 코인이 수북이 쌓여 다행이다 싶으면 어느새 몽땅 사라져 버리고 만다. 그러면 혼자서 결심한다. 다시 한 번 돈이 모이면 거기에서 딱 중단하겠다고. 하지만 돈이 모이면 더 딸 수 있을 것 같아 그만둘 수 없고 돈이 사라지면 억울해서 그만둘 수 없었다. 이번이 마지막이라고 아무리 다짐해도 한 번만 더, 딱 한 번만 더 하면서 그곳에 눌어붙어 버린 양 몸이 말을 듣지 않았다. 조금만 더 하면 큰돈을 딸 수 있을 것 같은 착각에 붙잡혀 헤어 나올 수 없었다.

'딱 한 번만 더'를 골백번도 더 하다 보니 몇 시간이 훌쩍 지나가 버렸다. 신기한 것은 책상 앞에 앉아 공부를 그렇게 오랜 시간 한다면 힘이 들어 쉬고 싶어질 테지만 도박에 열중하

다 보니 몸이 피곤한 것도 느낄 수 없었다. 도박꾼들이 밤을 새워가며 눈이 벌겋도록 하는 것이 그런 이유 때문임을 알 것 같았다. 결국은 가져온 돈을 다 잃은 오빠가 어두워지기 전에 가자고 해서 일어났다.

  차를 타고 오면서 생각해보니 도박이라는 것, 참으로 무서운 마력을 지니고 있음이 틀림없었다. 웬만한 의지로는 자신을 제어할 수 없음을 직접 체험하고 보니 도박이란 장난으로라도 애당초 시작을 말아야 할 것이라는 생각이 들었다. 아직 스스로를 통제할 능력이 없는 젊은이들은 한 번 맛을 들이면 아주 쉽게 빠져들고 중독되어 인생을 망칠 수밖에 없는 것이 바로 도박인 것 같다. 이런 백해무익한 도박을 세상에서 없애지는 못하는 것일까? 지금도 도박에서 헤어 나오지 못하고 있는 수많은 사람의 앞날이 심히 걱정스럽다. 어둠이 내리는 뉴저지 고속도로변 곳곳에 '사슴 조심'이라는 글자가 희미하게 스쳐 갔다. 그 글이 사슴을 조심하라고 하기보다는 도박을 조심하라는 경고의 메시지로 바뀌어 내 머릿속으로 들어오고 있었다.   (2011년 9월)

선진사회와 장애인

나는 가끔 우리 집으로 올라가는 엘리베이터의 버튼을 누르고 기다리는 동안 시각장애인을 위해 점자 표시해 놓은 것을 손가락으로 만져본다. 아무리 구별해보려고 애를 써도 올라감, 내려감의 차이를 느낄 수 없다. 시각장애인들은 어떻게 이것을 구분할까?

우리가 어렸을 때는 전쟁 후 먹고 살기에 급급했던 시절이라 국민들을 위한 복지 정책이 따로 없었다. 더욱이 장애인들에 대해서는 복지는커녕 그들을 보는 시각조차 곱지 않았다. 소아마비로 인해 다리를 전다는 이유로 여러 대학에서 입학을 거부당하다 총장과 영문학과 과장이 미국인 신부였던 신촌의 S대에서 입학을 허락받았던 장영희 교수의 일은 유명하다. 그때가 1970년대 초였다. 영문과 과장이었던 브루닉 신부는 "공부는 머리로 하지 다리로 하는 것이 아니다."라며 흔쾌히 그녀에게 수험생의 자격을 주었고 그 결과 그녀는 출중한 영문학자가 되어 모교와 모국의 문학계에 큰 발자국을 남길 수 있었다. 그래도 장 교수는 다행히 열린 사고를 하는 지식인 부모를 둔 덕분에 교육의 혜택을 제대로 받았지만, 그 당시 웬만한 사람들은 온전치 못한 자식을 둔 것이 마치 죄라도 지은 것인 양 남들이 볼 새라 집에 감춰놓는 일이 예사였다.

미국의 일리노이 대학이 있는 도시에서 살던 때가 70년대 후반이었고 나는 세 살 된 딸을 둔 젊은 엄마였다. 남편이 출근한 사이 영어 교실에 나가 공부하면서 미국의 선진화된 면모를 많이 접할 수 있었다. 엄마들이 공부하는 동안 아이들을 돌봐주는 베이비시팅 제도가 있으니 딸 걱정 없이 공부할 수 있었다. 수많은 교재를 쌓아놓고 학생들 개인의 능력에 맞춰 교육하니 참으로 즐겁게 공부할 수 있었다. 그 당시 우리나라에는 없던 문화센터가 있어서 취미생활도 어렵지 않게 할 수 있었다. 하지만 내가 가장 놀랐던 일은 그런 것이 아니었다.

그날도 아침 일찍 학교에 갔다. 다른 날은 볼 수 없었던 새 스쿨버스가 한 대 들어오더니 서서히 문이 열리고 안쪽으로부터 널따란 쇠판이 앞으로 쑥 나왔다. 운전사가 운전석 쪽의 문으로 내려 부지런히 달려왔다. 휠체어를 탄 학생이 휠체어를 굴려 그 쇠판 위에 올라서고 운전사가 버튼을 누르자 쇠판이 바닥에 내려지고 그 학생이 땅으로 내려왔다. 몇 명을 그렇게 하고 나서는 운전사가 버스 안으로 들어갔다. 장애가 더 심해 휠체어로도 움직이기 어려운 학생은 운전사가 안아서 내려주었다. 운전사는 웃는 낯으로 일일이 인사를 하며 몸에 밴 친절로 학생들을 대했다. 처음 보는 광경에 나는 입을 다물지 못하고 끝까지 지켜보았다. 부럽기도 하고 부끄럽기도 했다.

그로부터 10여 년쯤 후에 버지니아에서 산 적이 있다. 그곳은 일리노이와는 달리 가까이에 영어공부를 할 수 있는 곳이 없었다. 식구들이 학교에 간 동안에 무언가 배울 만한 곳이 없나 찾아보니 다행히 가까이에 레크리에이션센터가 있었다. 자신이 원하는 옷본을 사가지고 와 바느질을 배우는 반이 있어서 등록하고 첫 시간에 나갔다. 머리가 하얀 할머니 선생님이었다. 명랑하게 사람들과 대화를 나누며 설명을 해주고 있었다. 낯설고 언어도 자신 없어 우물쭈물 들어서는 나를 반갑게 맞아주고 자리를 마련해주었다. 내가 준비해 간 옷본을 선생님이 펼쳐본다. 그 순간 나는 소스라치게 놀랐다. 오른손 엄지부터 검지, 장지까지 세 손가락이 없었다. 바느질이라면 열 손가락을 가지고도 부족할 정도로 섬세한 손놀림이 필요한 법인데 어쩌면! 하지만 그분 자신도, 배우는 학생 누구도 이상하게 생각하는 사람이 없었다. 열 손가락을 가진 사람 못지않게 능숙하게 시범을 보이며 가르쳤다. 그뿐 아니다. 식빵 만들기도 그분이 가르쳤다. 일곱 손가락으로 아주 자연스럽게 빵을 반죽했다. 자신의 장애를 부끄러워하지도 않거니와 전혀 구애받지 않고 마음껏 능력을 발휘했다. 신선한 충격이라고 해야 할까. 만약 저분이 한국에 태어났다면 저렇게 당당히 자신의 일을 할 수 있었을까?

같은 장애인이라도 선진국에서 태어나 사는 사람들은 다른 사람 못지않은 대접을 받으며 살고 있는데 당시 우리나라에서는 그렇지 못한 것이 가슴 아팠다. 고등학생이던 우리 딸의 친구도 장애를 갖고 태어난 동생을 위해 부모가 모든 것을 버리고 미국으로 이민 온 것이라고 했다. 한국에서 받는 곱지 않은 시선과 차별대우를 감당하기 힘든 부모들이 능력만 되면 미국에 이민을 가곤 하던 때였다. 지금은 우리나라도 많이 발전하여 잘 사는 나라가 되고 장애인에 대한 사람들의 의식도 많이 바뀌었다. 나라에서는 그들이 제대로 된 교육을 받고 취업하여 당당하게 살아나가게 해주려고 많은 노력을 기울이고 있다.

얼마 전부터 KBS TV에서는 정오 뉴스에 시각 장애인 앵커가 10분간 뉴스를 전한다. 손으로 점자를 읽으며 진행하는데 속도나 정확성이 다른 앵커가 하는 것과 조금도 다르지 않다. 점심을 먹으며 뉴스를 듣다가 그 앵커가 나오면 나는 뉴스의 내용보다는 혹시라도 틀리거나 못 읽는 글자가 있어서 실수하면 어쩌나 마음을 졸이며 본다. 하지만 그것은 내 기우일 뿐 아직 한 번도 그런 사고는 일어나지 않았다. 맹인이 할 수 있는 일이라고는 안마사가 고작이던 우리나라에서 이 앵커의 출현은 수많은 시각장애인에게 희망의 등불이 되리라. 케이블을 통해 수십 개의 TV 방송을 볼 수 있으나 세계 어느 방송사에서도 시각장애인을 앵커로 기용한 이야기는 듣지 못했다. 한국방송공사는 참으로 선구자적인 일을 하고 있다고 칭찬해주고 싶다. 앞으로도 장애인들이 더욱 공평한 대우를 받는 사회가 되도록 노력해야 하는 숙제가 남아있기는 하나 이만하면 우리나라도 장애인 복지정책에서 선진국이 되어가고 있다고 봐도 그리 지나친 말은 아닐 성싶다.

(2014년 12월)

여중생과 국회의원

공공장소에서 크게 떠들면 안 된다. 쓰레기를 아무 데나 함부로 버리면 안 된다. 남에게 폐가 되는 일을 하면 안 된다. 이러한 일련의 규칙들은 우리 모두가 예외 없이 지켜야 할 공중도덕이다. 이러한 공중도덕, 또는 질서는 세월이 흐르고 세대가 변한다고 해서 바뀌는 것이 아니다.

얼마 전 어느 모임에서 있었던 일이다. 일원 중 한 사람이 최근 겪은 이야기를 했다. 집 앞 공원에 있는 놀이터에서 한 여중생이 먹고 난 과자봉지를 휙 집어 던졌다. 가까이 있던 할아버지가 나무랐다. 그러자 그 여학생이 욕설을 퍼부으며 할아버지에게 달려들었다. 그러면서 이렇게 말하더란다.

"내가 이런 것 함부로 버리는 것이 왜 나빠요? 이렇게 해야 청소 아줌마가 돈 벌어 먹고 살 것 아닌가요?" 그 이야기를 듣는 순간 나는 화가 머리끝까지 치밀어 올랐다. 더욱 가관인

것은 우리 무리 중 내 또래의 한 노인이,

"맞네요. 그것 인식의 차이네요. 너무 깨끗하면 청소부가 일자리를 잃게 될 테니…."

나는 내 아이들이 어릴 때, 아니 얼마 전까지만 해도 내 자식이건 남의 자식이건 아이들이 잘못하는 것을 보면 그 자리에서 타이르곤 했었다. 하지만 언제부터인가 그런 애들이 잘못을 타이르는 어른에게 달려들어 때리거나 심하면 칼로 찔러 죽이는 사태가 벌어지면서부터는 나도 자신을 웅크리고 못 본 척하기 시작했다. 그러면서도 마음은 늘 편치 않았다. 아이들의 잘못을 보고도 못 본 체하는 용기 없는 어른이라는 것이 부끄러웠다. 하지만 내 목숨을 잃고 싶지는 않아서 차라리 용기없는 비겁한 어른으로 사는 쪽을 택했다.

우리 아파트 곁에는 초등학교와 중학교가 나란히 있다. 아침이면 아이들이 줄지어 등교하고 오후에는 하교하는 아이들로 아파트 마당이 시끌벅적하다. 삼삼오오 이야기를 나누며 아이스바를 쭉쭉 빨던 아이들이 아무렇지도 않게 먹고 남은 막대를 집어던지기 일쑤다. 사람들의 통행이 빈번한 놀이터에서 어린 것들이 담배를 피워 물고 수다를 떤다. 아무도 그 아이들을 꾸짖지 않는다. 나도 못한다. 그러면서 마음은 그럴 때마다 여간 답답한 것이 아니었다.

모임에 함께 있던 노인의 입에서 '인식의 차이 어쩌고.' 하는 말이 나오는 순간 내 마음속에 참고 있던 말이 봇물 터진 듯 쏟아져 나왔다. 물론 그 노인이 나를 두들겨 패거나 해칠 것이 아니란 확신이 있기 때문에 그런 용기가 난 것이리라.

"인식의 차이라니요? 이것은 인식의 문제가 아니라 공중도덕입니다. 누구나 지키지 않으면 안 되는 공중도덕. 선생님처럼 생각한다면 우리 모두 길거리에 쓰레기를 많이 버려야겠네요. 실직자들 많은 현실에 미화원 일자리를 많이 창출하면 실직자도 줄고 아주 살기 좋은 나라가 되겠군요. 애국하는 의미로 이제부터 가능한 한 많은 쓰레기를 내다 버려야겠군요. 어른들이 이렇게 생각하니 아이들이 무얼 보고 제대로 된 가치관을 갖겠습니까? 철딱서니 없는 아이들이 그런 말을 해도 답답한데 어른들마저 그렇게 생각해서야 되겠습니까? 도대체 집에서 부모들은 자식들을 어떻게 가르치고 학교에서는 아이들을 어떻게 교육하기에 오늘날 이 지경이 된 것인지 모르겠네요."

하고 싶은 말을 속사포처럼 쏟아놓고 나니 속이 다 후련했다. 물론 그 노인은 입을 다물고 나에게 폭력을 행사하지 않았다.

며칠 뒤 나는 TV 뉴스를 보다가 내 귀를 의심했다. 한 국회의원이 핏대를 세우며 말했다.

"술 취해서 파출소에서 깽판 좀 쳤다고 그게 뭐 대숩니까. 내가 낸 돈으로 내가 세운 곳에서 그 정도의 술주정도 못 받아줍니까?"

　잠시 아연하여 말이 나오지 않았다. 이것이 무슨 말인가. 이것이 파렴치한 범죄자의 말이 아닌 대한민국 국회의원이 의사진행 중에 한 발언이란 말인가. 우리가 이런 사람에게 나라를 맡기고 지금 제대로 된 사회가 되기를 바란단 말인가? 어처구니가 없었다. 이런 몰상식한 사람이 언성을 높일 수 있는 나라에서 국민들이 어찌 마음 놓고 잠을 잘 수 있을까. 나는 화가 나서 그 밤, 잠이 오지 않을 지경이었다. 그 사람에게 묻고 싶다.

　"당신, 내가 낸 세금으로 봉급 받아먹고 사는 사람이지? 내가 당신 좀 때리고 욕하고 괴롭힌들 그것 하나 못 받아주겠어? 내 남편이 뼈 빠지게 벌어서 낸 세금 받아서 마련한 당신 집 내가 가서 좀 때려 부수고 난리 친들 그것 좀 못 받아준다면 말이 돼?"

　이러면 안 된다. 정말 이렇게 가치관이 망가져서는 안 된다. 나만 즐거우면 됐지 다른 사람의 괴로움까지 내가 왜 생각해야 하느냐고 반문하는 왕따 가해자, 길거리 아무 데나 쓰레기를 버려도 나쁠 것이 없다고 악을 쓰는 여중생, 이런 아이들이 생겨나는 것은 바로 술주정이 뭐 나쁘냐고 역성드는 국회의원, 인식의 차이니 뭐니 하는 노인, 이런 정신없는 우리 어른들이 만들어낸 결과가 아닐까? 사람이 짐승과 다른 점이 무엇인가?

염치를 아는 일일 것이다. 술에 취해 공권력을 낭비하게 하는 것부터 사회에 폐를 끼치는 염치없는 일이다. 이런 젊은이를 꾸짖어 바른길을 찾아가게 해야 하는 것이 우리 어른들의 몫이다. 제발 어른다운 어른이 많은 나라가 되기를 소원해본다.

(2012년 여름)
―《순수문학》 2012년 사화집

보다 좋은 나라로 가는 길목에서

며칠 전 TV를 켰더니 젊은 아기엄마들이 무언가 불만을 토로하고 있었다. 어린이집이 만 2세 이하의 아기들로 넘쳐나 정작 3세에서 5세까지의 아이들이 제때에 들어가지 못하는 상황이라고 했다.

정부에서는 만 0세에서 2세까지의 아기들 가운데 어린이집에 보내는 아기들에 대해서는 소득수준과 관계없이 보육비를 주어 무상으로 교육하겠다고 했단다. 해당하는 나이의 아기를 둔 엄마들이 보육비를 받기 위해 모두 어린이집에 보내니 그런 현상이 나타난다고 했다. 만 두 살 이하의 아기라면 의당히 엄마 품에서 엄마의 웃는 얼굴을 마주 대하고 눈을 맞추며 엄마의 젖 냄새 살 냄새를 맡으며 커야 하는 것이 최상이라는 것을 모르는 사람은 없으리라.

나라가 잘살게 되면서 국민들의 복지에 힘쓰는 것은 당연한 일이다. 하지만 현실에서 복지라는 이름으로 이루어지는 일 가운데 꼭 이렇게까지 할 필요가 있을까, 동의할 수 없는 부분도 많이 있다. 치밀한 연구와 철저한 조사, 확고한 계획 끝에 모든 사람이 이해할 수 있는 정책이 이루어져야지, 대략적인 생각과 국민들의 표를 의식한 선심쓰기식 퍼주기는 오히려 나라의 장래를 위태롭게 할 수도 있는 일이라고 생각된다. 얼마 전 나라를 떠들썩하게 만들며 서울시장을 물러나게 한 무상급식의 일만 해도 그렇다. 나라의 장래를 맡을 어린아이들이 굶게 할 수는 없으니 가난한 아이들은 당연히 무상으로라도 먹여야 한다. 하지만 생활이 풍족한 아이들, 심지어는 재벌가의 아이들까지 무상으로 먹여야 한다는 것은 누구의 발상일까? 가난한 아이들만 공짜로 밥을 먹으면 그들의 자존심이 상하므로 상대적인 빈곤감을 주지 않으려고 그렇게 해야 한다는 억지스러운 이론을 내세웠다. 그러면 점심만 똑같이 공짜로 먹으면 가난한 아이들이 빈곤감, 박탈감 없이 부자 친구들과 동등하다고 느낄까? 그렇다면 얼마나 좋으랴. 하지만 아이들은 바보가 아니다.

어차피 사람이 사는 형편은 각기 다 다를 수밖에 없다. 내가 다른 사람보다 어려운 환경에 처해 있다고 해서 도움의 손길을 당연한 듯 받아들이게 가르쳐서는 안 된다. 하물며 능력이 되는 사람들에게까지 공짜심리를 심어주는 것은 얼마나 그릇된 일인가.

우리 아들은 일 년 동안 미국의 초등학교에 다닌 적이 있다. 아이를 6학년에 편입시킨 날, 미국은 부자나라라서 당연히 점심을 무료로 먹일 것이라 여겼다. 귀가한 아이는 점심값 1달러를 선생님이 대신 내주셨으니 내일 갖다 드려야 한다고 했다. 알고 보니 부모의 소득이 지금 기억으로 대략 연(年) 2만 달러에 미달이면 점심을 무료로 먹고 그렇지 않은 경우는 매번 1달러씩 내야 한다고 했다. 참으로 타당한 일이 아닌가. 아들의 선생님께 들으니 돈을 내고 먹는 애들이 부자라고 으스대지도 않거니와 무상으로 먹는 애들이 가난하다고 기죽지도 않는단다. 선진국 중의 선진국, 부자 중의 부자나라도 이렇게 하고 있는데 이제 가난을 벗어나 조금 살만해진 우리나라에서 서양 선진국들보다 공짜(무상)가 이렇게 성행하는 것은 무언가 잘못되어가고 있다는 느낌을 떨쳐버릴 수가 없다.

　사람은 한번 편한 것을 경험하면 다시는 불편한 쪽으로 가려 하지 않는다. 한 번 공짜의 맛을 보면 공짜를 빼앗기려 하지 않는다. 그러니 복지정책을 펴나감에 있어서 민심에 영합해 쉽사리 결정해서는 안 된다. 대표적인 예가 아르헨티나임은 누구나 아는 이야기다. 페론의 포퓰리즘에 환호하던 국민들은 결국 페론 때문에 부도난 나라의 국민이 되었다. 최근에는 그리스가 국가 부도사태를 막기 위해 안간힘을 쓴다. 온 유럽이 나서서 도우려고 애쓰고 있지만 회복이라는 것이 얼마나 어려운 일인가를 보고 있지 않은가. 나라의 경제능력을 넘어서는 과도한 선심으로 국민들을 기쁘게 해준 시간도 있었겠으나 지금은 연봉을 깎아야 하고 사람들은 그렇게 살 수 없다고 연일 데모한다. 지금의 우리나라가 타산지석(他山之石)으로 삼고 반면교사(反面敎師)로 삼아야 하리라고 본다.

또 한 가지는 국민들이 아직 복지정책을 제대로 받아들일 만큼 성숙하지 못한 것이 아닌가 하는 염려다. 정말 일할 능력도 없고 가난한 사람들을 도우려고 정부가 노력하면 다 같이 협력해서 정책이 잘 이루어지도록 해야 한다. 그럼에도 허점을 틈타 전혀 해당되지 않는 사람들이 선량한 국민이 낸 혈세를 좀먹고 있는 경우를 참 많이 본다. 수많은 재산을 재주껏 감추고 빈곤층을 가장해 복지 예산을 축내는 파렴치한 사람의 이야기도 심심치 않게 들린다.

지하철 옆자리에 앉았던 내 또래의 두 아주머니가 하던 이야기가 비단 이들만의 이야기는 아닐 것이다. 둘 중 한 사람의 친정어머니는 아버지가 돌아가시고 혼자 살게 되었다. 하지만 남겨준 집도 있고 재산도 제법 있는데다 자식들도 잘살아서 전혀 경제적인 문제가 없다. 어느 날 동네 반장인지 통장인지 하는 아줌마가 "할머니도 이것 한 장 써내세요." 하더란다. 가난한 노인에게 주는 돈을 타기 위함인 것을 안 어머니는 자존심이 상했다. "나 이런 것 안 받아도 살 수 있어요. 사람을 어떻게 보고 이래요?" 아줌마가 다시 말했다. "제가 할머니한테 해가 될 것 권하겠어요? 어서 쓰세요. 나중에 저한테 고맙다고 하실 걸요." 그렇게 해서 자신의 어머니도 매달 꼬박꼬박 나라에서 주는 보조금을 받는다며 횡재했다는 듯이 즐거워했다. 국민들의 의식 수준이 이래서야 되겠는가.

　지도자는 지도자들대로의 양심을 지키며 나라와 국민을 위해 온 힘을 기울이는 한편 국민은 국민들 나름대로 의무와 책임을 다하는 것은 지극히 당연한 일이다. 이 당연한 것만 지켜도 우리가 겪고 있는 지금 이 혼란스러운 상황이 차차 나아질 것이라는 생각이 든다. 더욱 좋은 나라로 가는 길목에 선 지금, 생각건대 우리 평범한 시민들 대부분이 바라는 것은 과도한 복지도 모조건적인 무상급식도 아니다. 적절한 일자리에서 열심히 일하며 떳떳이 세금을 내고, 인간으로서의 자존감을 지키며 동정이 아닌 존중을 받으며 사는 것 아닐까?

(2012년 2월)

운전하면서 TV 시청하는 세상

4월이 다 가도록 겨울 추위를 떨쳐버리지 못하던 봄이 더 이상 견디지 못하고 여름을 불렀나 보다. 비 갠 후 파란 하늘을 배경으로 목련과 라일락이 다투어 피어나던 어느 일요일, 구름 한 점 없이 새파란 하늘과 신록으로 뒤덮인 하남시에서 190여 명의 사이클 선수들이 세계 사이클 대회의 마지막 구간을 출발했다.

환갑이 넘은 나이에 자전거 5만 킬로 주행 인증패를 받았다는 대학 때의 동창, 건강한 친구가 생각나는 시간이었다. 자전거를 타고 잠깐씩 동네를 도는 정도는 할 수 있었으나 나이가 들면서는 그것도 포기하고 있던 내게 친구의 소식은 경이로울 수밖에 없었고 그래서 다른 때와는 달리 나는 선망의 눈으로 자전거 경주를 잠시 시청했다.

그리고 어제 상주에서 여자 사이클 선수 여섯 명이 국내 대회를 앞두고 훈련하던 도중 교통사고로 세 명은 죽고 나머지 세 명은 부상을 당했다는 뉴스를 들었다. 25톤 트럭이 선수들을 호위하던 승용차를 추돌하면서 선수들을 덮쳤다고 했다.

트럭 운전자가 그 시간 차 안에 설치되어 있던 DMB(Digital multimedia broadcasting)를 보느라 그런 엄청난 사고를 낸 것이라고 했다. 운전하면서 텔레비전을 시청하다니 정말 어처구니없는 일이다.

컴퓨터가 발명되고 IT산업이 발전하면서 우리 아날로그 세대는 어느 때부터인가 그 발전 속도를 따라잡지 못하고 늘 뒤처진다는 느낌을 가지고 살아가는 신세가 되었다. 그 가운데서도 새것을 받아들이는 것이 더딘 나는 그 증세가 더 심하다. 삐삐가 유행했을 때도 나는 그것이 왜 필요한지 알 수 없었다. 조금 기다렸다가 집에 오면 이야기해도 될 것을 꼭 그렇게 서둘며 살 필요가 없다는 생각에 그 기계를 한사코 받아들이지 않았다. 뒤이어 나온 휴대폰에게도 나는 호의적이지 않았다. 외출해서 나만의 시간을 가질 때조차 누군가 따라붙어서 내 여유로움을 빼앗는 것을 원치 않았기 때문이다. 일상의 삶을 살아가는데 길 가던 사람을 불러 이야기를 해야 할 만큼 그렇게 화급을 다투듯이 쫓기며 살아야 한다고 생각지 않았다.

어느 날 동창회에 갔다가 예기치 않게 늦어지게 되었을 때 달리는 차 안에서 공중전화를 찾을 수도 없고 남편에게 연락

해야 하는데 참 막막했다. 그때 한 선배가 들고 있던 휴대폰을 얼마나 요긴하게 사용했는지 다음 날로 나도 휴대폰을 마련했다. 필요하다고 느끼면 누가 권하지 않아도 저절로 사용하게 되는 것이 사람의 심리다.

그런데 내가 아직 사용해보지도 않고 잘 몰라서 하는 이야기일지는 모르지만 나는 아직 스마트폰이 살아가는 데 없어서는 안 될 정도로 꼭 필요한 기계라고는 느껴지지 않는다. 휴대폰 때처럼 스마트폰도 어느 날엔가는 나 스스로 필요성을 절감하고 장만하는 날이 올 테지만 아직은 아니다.

최근에는 너, 나 할 것 없이 다투어 스마트 폰을 사용한다. 각 통신회사도 스마트폰을 무료로 제공해 줄 테니 쓰던 것을 바꾸라는 전화를 거의 매일 해댄다. 하지만 아직은 그 기계에 그렇게 목매달며 살고 싶지 않다. 내 눈에 그 기계를 가진 사람들은 거의 모두 그것에 목매달고 살아가는 것처럼 보인다. 내가 필요에 따라 기계를 사용하는 것이 아니라 기계의 노예가 된 것 같은 모양새로 보인다. 우선 나와 대화하는 동안에도 시도 때도 없이 그것을 꺼내서 이리저리 무언가 하는 상대방에게는 신뢰도 안 가고 친밀감도 느껴지지 않는다. 심지어는 무시당하는 느낌마저 들어 기분이 유쾌하지 않다. 나와의 시간을 아껴가면서 해야 할 일이라면 그 일을 먼저 다 해결하고 나를 만나야 하는 것 아닌가.

길을 가면서, 지하철이나 버스 안에서도 정신없이 기계에 빠진 젊은이들이 많다. 혹시라도 눈에 띄어 무심히 무얼 하는지 보게 되는 일이 있는데 어떤 이는 드라마를 보고 어떤 이는 게임을 하느라고 정신이 없다. 또 다른 이는 계속해서 누군가와 문자를 주고받는다. 대부분 그렇게 촌음을 다툴 만큼 급한 일도 아닌 것 같다. 주변에서 무슨 일이 일어나든 상관없다. 세상 사는 모습들이 너무 삭막해 보인다. 사람과 사람 사이의 소통은 간데없고 오직 나와 기계가 있을 뿐이다.

자동차에 내비게이션이 생겨서 참 요긴하게 쓰인다 싶었는데 어느새 거기에 DMB 기능이 추가되어 마음만 먹으면 달리는 차 안에서 영화를 볼 수도 있다. 좋은 일일까? 아니다. 절대 그래서는 안 된다. 운전하면서 휴대폰 사용을 삼가야 하는 것 이상으로 DMB 시청은 더더욱 삼가야 한다. 이것을 방지하는 법이 없더라도 스스로 삼가야 한다. 사람의 눈은 두 개뿐이고 두뇌는 동시에 여러 가지 일에 집중할 수 없다. 그런데 무슨 마음으로 운전하면서 드라마 볼 생각을 하는 것일까. 그것이 얼마나 위험한 일인 줄 모를 리는 없을 테니 '설마' 하는 것일 게다. 위험이 그 위험을 초래한 당사자에게만 국한된다면 그것은 자신의 선택이니 어쩔 수 없다고 치자. 하지만 아무 죄 없이 희생당하는 사람은 어쩔 것인가. 남겨진 가족들은 어쩔 것인가. 자신의 의지로 억제하지 못하는 사람이라면 나라에서

법으로라도 막아야 한다.

　스무 살 꽃다운 나이의 사이클 선수들의 죽음을 누가 어떻게 보상해줄 수 있을까. 또 앞으로 살아갈 날이 창창한 아가씨들이 불구의 몸으로 힘겹게 헤쳐가야 할 세월은 누가 책임져줄 것인가. 한 사람의 무모한 행동이 불러온 참사를 대하면서 안타까운 마음 금할 길이 없다.

　문명의 발달로 모든 것이 손안에서 이루어지고 빛의 속도로 일의 처리가 빨라진다 한들 그것이 인간을 인간다움에서 멀어지게 한다면 무슨 소용이 있는 것일까. 문명의 발달보다도 훨씬 중요한 것은 사람이 사람답게 사는 것이리라. 정신없이 발전하며 변해가는 세상이지만 우리만이라도 정신 차리고 좀 더 따듯한 세상, 사람과 사람이 서로의 온기를 나누며 감격할 줄 아는 세상을 만들어나가야 할 것이다.

(2012년 5월)

좋아진 세상에서 생각해 본다

우리는 요즘 '세상 참 좋아졌다.'라는 말을 많이 쓰고 있다. 특히 IT산업이 발달하면서 너도나도 손에는 스마트폰을 들고 세상을 주무르고 있다. 카카오톡이라는 기능은 동시에 전 세계의 친구들과 문자로 이야기를 나눌 수 있게 해 준다. 옛날에는 상상도 못 할 일이 하루가 다르게 빠른 속도로 우리 생활 가운데 들어오다 보니 '어제 죽은 사람 억울하겠다.'라는 말에도 고개가 끄덕여진다.

  길을 걸으면서도 인터넷과 접속하여 마음대로 정보를 찾아 실생활에 적용한다. 추운 날 아침 출근하기 위해 버스정류장에서 발을 동동 구르며 오지 않는 버스를 기다리는 일도 사라져 간다. 스마트폰으로 버스의 움직임을 찾아내 도착하는 시간을 보고 거기에 맞춰 집을 나서면 된다. 또한, 웬만한 정류소마다 설치된 전광판으로 내가 탈 차가 언제 도착할 것인가도 시시

각각 알려주니 얼마나 더 기다려야 할 것인지도 모르면서 무작정 기다리는 것보다 훨씬 가벼운 기분으로 기다릴 수 있게 되었다. 수년 전만 해도 상상도 못 할 일이 일어나고 있다.

며칠 전 친구 두 명과 스카이프로 한 시간이나 이야기를 나눴다. 한 친구는 같은 서울에 살고 있지만 다른 한 친구는 미국의 플로리다 해변에 살고 있다. 미국의 친구와 가끔 둘이서 이야기를 나눈 적은 있으나 셋이서 동시에, 마치 한 자리에 있는 듯이 이야기를 하면서 정말 이런 세상이 있나 싶었다.

친구와의 이야기는 자연스럽게 우리의 어린 시절로 돌아갔다. 계절이 겨울이고 추위가 가시지 않는 시점이라 그 옛날 학교에 다니던 때의 혹독했던 추위를 떠올렸다. 60년대 말, 전쟁의 시련을 벗어나 잘 살아보려고 발버둥 치던 시기였다. 발열내복이라든가 어그부츠 같은 것은 상상조차 할 수 없던 시절이었다. 어느 날 잃어버린 장갑을 채 마련하지 못해 맨손으로 가방을 들고 학교에 가던 날 칼바람이 몰아치기로 유명한 이화교를 건너는데 아마도 영하 20도는 족히 되는 추위였던 것 같다. 손이 너무 시리다 보니 나중에는 손이 떨어져 나가는 듯이 아팠다. 그때 등굣길에 만난 친구가 자신의 장갑 한쪽을 벗어서 내게 빌려주었다. 너무나 다급했기 때문에 사양하지 않고 받아 끼니 살 것만 같았다. 대신 그 친구는 시린 한쪽 손을 주머니에 넣고 말없이 참아주었다. 그 친구가 지금 플로리다에 사는 친구다. 그때의 고마움을 내가 평생 가슴속에서 잊지 않고 있다는 것을 그 친구는 알고 있을까.

내 나이 마흔을 바라보던 때. 안식년을 맞은 남편을 따라 미국의 버지니아에서 살던 때였다. 뉴저지 주 프린스턴에 살고 계신 옛 스승님 댁에 놀러 갔던 때의 일이 생각나서 친구들과 이야기하며 한참을 웃었다. 거의 20년 만에 뵙는 선생님과의 눈물겹도록 반가운 해후로 밤을 새우다시피 이야기를 나누고 난 다음 날 이른 아침 선생님과 동네를 둘러보러 아침 산책을 나섰다. 서울에서는 말할 것도 없고 버지니아에서도 도시에 살던 내게 프린스턴의 아침은 마치 처음 와본 세상 같았다. 드문드문 떨어져서 한 채씩 있는 집들. 세상은 온통 푸른 풀밭이었다. 맑은 공기가 가슴 속 깊이 들어오고 새들은 저마다의 음색을 뽐내며 노래하고 있었다. 넓은 앞마당에는 집집마다 가지각색 꽃들이 어우러져 피어있었다. 그때 멋진 갈색 자동차 한 대가 서행하면서 우리 곁을 지나갔다. 저만치 서더니 유리창 밖으로 무언가 뭉치 하나를 그 집 현관 쪽으로 힘껏 던졌다. 그리고는 또 서서히 다음 집으로 갔다. 처음 보는 광경에 의아해 하며 살펴보니 신문을 배달하는 차였다. 참 신기하고 놀라웠다. 아마 이런 것을 문화적 충격이라고 하나보다. 우리나라는 그즈음에서야 자가용을 이용하는 사람이 하나둘 생겨나기 시작했고 아파트의 주차장에는 차가 드문드문 세워져 있는 정도였다 아직 우리는 차도 없이 지내다 미국에 와서야 운전면허도 따고 차도 샀다. 이 나라에는 신문 배달부도 자가용을 타고 다닌다. 신기했다. 덧붙여 신기했던 것은 나라가 크니 신문배달도 걸어서는 할 수 없다는 것이었다. 신문 배달이라면 으레 신문덩치를 옆구리에 끼고 "신문이요." 외치며 뛰어가는 아이가 떠오르던 그 시절 자가용을 몰며 신문 배달을 하던 모습은 내게 참 인상적인 일이 아닐 수 없었다.

  세상이 참 좋아진 것. 맞는 말이다. 그러나 한 편으로 생각해보면 그 반대급부도 만만치 않다. 수많은 청소년이 인터넷 중독에 빠져 인생을 망치기도 한다. 아이들이 기계만 들여다보느라 사람과 사람 사이에 어떻게 소통해야 하는 지를 제대로 배우지 못해 교내 폭력이 늘어만 간다. 또 아이들은 모든 것이 자신들이 원하는 만큼 빨리 이루어지지 않으면 짜증을 낼 정도로 참을성을 잃어가고 있다. 자동차가 늘면서 운동량의 부족으로 비만인 사람이 늘어 가는데도 기동성이 있으니 점점 한 그릇 먹겠다고 몇 시간을 운전해가는 사람들도 있다. 기름 한 방울 나지 않는 나라에서 이것이 얼마나 큰 낭비인가. 불가피한 일은 어쩔 수 없다고 치더라도 자제할 수도 있는 자동차 운행으로 나오는 매연 탓에 공기는 또 얼마나 오염되고 있는가.

  모든 것이 전산화되어 불편 없이 빠르게 업무를 진행해나갈 수 있어서 전과는 비교도 안 되게 효율적이 되었다. 그렇게 되니 일자리를 잃는 사람들이 많아져 전보다 실직자도 많이 늘었다. 기계에 일자리를 빼앗기고 살아갈 길이 막막한 사람들을 위해 나라가 나름대로 애를 써도 일자리는 창출되지 않고 경제가 좋아질 기미가 보이지를 않는다. 또한 얼마 전 여러 금융사와 언론사가 대규모 해킹을 당해 온갖 기능이 마비당하는 그런 일도 일어날 수 있는 것을 보면 좋은 세상이기에 당할 수 있는 부작용 또한 작은 일이 아님을 느낄 수 있다.

좋은 세상이 진실로 좋은 세상이 되기 위해서는 나 하나만의 편리만을 고집하지 말고 자제할 것은 자제하고 무엇보다도 바른 마음으로 문명의 이기를 올바로 사용해 나가야 하지 않을까.

편리하고 쉽게 할 수 있다는 것이 다 좋은 것일까. 불편하고 느리고 힘들게 일했던 옛날이 더 일에 보람이 있었다며 그때가 그립다는 사람도 있다. 편리해진 만큼 사람과 사람 사이에 흐르던 정이 단절된 것을 본다. 카톡이 안 되고 스카이프가 안 되었다면 나도 편지를 썼을 것이다. 문득 좋아졌다는 세상에서 좋은 것만을 누리는 것이 다 좋은 것만은 아니라는 생각이 드는 아침이다.

(2013년 4월)
—《수필세계》 2013년 가을호

따뜻함(情) 그리고 바름(正)의 눈으로 바라보기 삶의 미학

― 신수옥 수필집 《보석을 캐는 시간》

최 원 현

수필가 · 문학평론가 · 한국수필창작문예원장
nulsaem@hanmail.net

1. 들어가며

문학은 삶의 이야기다. 그 삶의 이야기가 진실이냐 아니냐를 떠나서 '삶=사람'의 이야기는 따뜻한 것일 때 공감과 감동이 있다. 특히 만들어진 이야기가 아닌 실제 있었던, 그것도 내가 체험한 진실의 이야기라면 더욱 감동이 클 수 있다.

문학은 사람의 행복을 궁극적인 목표로 한다. 그 중 수필은 성찰 특히 자성을 통해 자기 바라보기를 수없이 한 결과물이다. 남을 보기는 쉬워도 자신을 바라보기란 결코 쉽지 않다. 그러나 수필가의 삶은 바로 그 자신을 바라보기가 일상화 되지 않으면 안 된다. 자신의 삶의 체험이 오랜 기간의 생각과 다듬기와 사전 구성의 산고를 거쳐 주제화 내지 의미화로 표출될 때 비로소 문학이란 이름의 한 편 수필이 된다.

수필가 신수옥의 첫 수필집《보석을 캐는 시간》에는 우리가 일상 속에서 안고가야 할 수많은 숙제들을 따뜻한 보듬기로 자신의 문제화하고 그 문제를 성찰로 다시 끌어안아 삶의 의미로 승화해 낸다. 각박한 현대를 사는 사람들에게 좋은 글은 아침 이슬과도 같은 신선함이 되기도 하고 깊은 산속 맑은 물 한 모금 같은 청량감을 주기도 한다. 그래서 글은 읽는다기보다 맛보는 것 곧 먹는 것이라고 해야 할 것이다. 마시고 먹는 글에서 온몸 가득 스며드는 향기로움과 신선함을 충만하게 느낀다.

신수옥은 과학도였고 과학자다. 남편과 함께 문학과는 거리가 멀다 할 수 있는 화학의 세계에서 공부하고 연구하고 가르치며 살아왔다. 화학과 문학은 좀처럼 어울릴 수 없어 보인다. 그런데 신수옥에게선 그가 애당초 길을 잘못 든 것이 아닌가 싶을 만큼 상쾌하고 통쾌한 글쓰기가 되고 있다.

어디서 비롯된 재능인지는 모르겠다. 그가 글쓰기를 시작한 것도 고작 3년이고 등단한 지는 1년밖에 되지 않은 초보자요 신인이다. 그런데 그가 평생 끌어안고 살아온 과학적 사고들이 글쓰기에선 어떻게 문학적 구성력으로 전이되어 특별한 훈련이 없었는데도 구성력 있는 글쓰기를 하게 했는지는 모르겠다. 여하튼 그의 글들은 그냥 쓴 것이라고 하지만 비교적 탄탄한 구성력을 갖고 있고 또 작가의 성격상 그것이 선행되지 않으면 글을 쓸 수 없었던 것 같다.

신수옥의 수필들은 '따뜻함'과 '바름'의 수필이다. '따뜻함'은 가족을 중심으로 한 사랑 나눔이고, '바름'은 바른 눈으로 세상보기이다.

2. 가족이라는 사랑의 동심원—추억과 그리움 그리고 성찰

신수옥 수필의 대 주제는 가족에 대한 사랑이다. 가족이라는 사랑의 동심원 속에서 추억을 통해 그리움을 열고 그리움 속에서 자신을 들여다보며 성찰로 이어간다. 이야기가 구체적이어서 읽으면 눈앞에 상황이 그려진다. 작품 속에서 두 명의 화자가 자연스레 상황을 이끌어 가면서 한 편의 드라마를 보는 것 같게도 한다. 그 속에 추억과 그리움과 후회를 담은 사랑론을 펼친다.

<엄마의 원피스>는 어릴 적 나와 엄마가 된 내가 서술자로, 그리고 지금의 나보다도 훨씬 젊었던 엄마와 지금의 내 엄마가 또 한 명의 화자로 이야기를 꾸며간다.

신수옥은 6·25전쟁이 일어나던 며칠 전인 6월 초에 태어났다. 위로 두 오빠와 언니, 갓난쟁이인 그까지 넷을 데리고 부

모님은 피난생활을 하셨다. 그리고 밑으로 동생이 둘 더 태어났다. 6남매 중 네 번째란 묘한 자리다.

<엄마의 원피스>에서 작가는 안타까운 피해자가 된다. 겨우 여섯 살 신수옥에겐 너무나도 큰 충격이요 절망일 수밖에 없던 사건, 그래서 그는 '아주 많이 성장한 후까지도 추석이 가까워오면 언제나 그 때의 억울함이 되살아나서 혼자서 씩씩거리곤 했다.'라고 했다. '아주 많이 성장한 후까지도'라는 표현 속에 잠재되어 있는 그의 억울함, 왜 그런 일이 생겼을까.

추석을 며칠 앞두고 동대문시장으로 추석빔을 하러 가신 엄마. 학교에 간 오빠와 언니를 대신하여 동생을 돌보고 있는 착한(?) 딸은 가슴이 설렜다. 엄마가 사올 자신의 추석빔에 대한 기대다. 드디어 엄마가 나타나고 지루하고 힘든 동생 보기에서도 해방된 그에게 안겨질 포상과도 같은 행복을 기대하며 그는 양손 가득 보따리를 들고 웃으면서 다가오는 엄마를 향하여 소리치며 뛰어가 끌어안는다. 그런데

> 엄마의 보따리 속에서는 여러 가지가 나왔겠지만 내 머릿속에 남아있는 것은 단지 예쁜 원피스 세 벌뿐이다. 푸른 무늬의 언니 원피스, 노란무늬의 동생 원피스, 빨간 무늬의 막내 동생 원피스. 그런데… 그런데… 아무리 뒤져도 내 것은 없었다. (중략)
> 여섯 살짜리가 이 상황에서 달리 대처할 수 있는 방법이 있었

을까? 돈이 모자라서 넷 중에 둘만 산 것도 아니고 어떻게 네 딸 중에 세 명의 옷은 구색 맞춰 사면서 내 것만 빼놓을 수 있단 말인가. 그러나 엄마는 나를 달래줄 생각도 않고 저녁 식사 준비가 늦어졌다고 종종걸음으로 부엌으로 가버리셨다.

세상엔 이해할 수 있는 것과 이해할 수 없는 것, 이해될 수 있는 것과 이해될 수 없는 것이 공존한다. 그러나 여섯 살짜리에겐 그 어떤 이해할 수 있는 것도 이해될 수 있는 것도 있을 수 없었다. 그 때 엄마는 왜 그랬을까, 그 이유는 어디에도 나타나 있지 않다. 그런데 그로부터 30년도 훨씬 지난 어느 날 엄마와 단둘이 누워 모녀의 정을 나눌 때 그 엄마가 문득 생각난 듯 장롱을 열고 옷 한 벌을 꺼냈다.

"이 원피스 내가 입으려고 샀는데 나보다는 젊은 너한테 더 잘 어울릴 것 같으니 너 입지 않으련?" (중략)
"엄마, 이렇게 좋은 옷을 엄마 입으시지 않고 왜 저를 주세요?" 그냥 나는 그렇게 말했다. 그때, 죄를 지은 사람이 고백하듯 더듬더듬 하시는 엄마의 말씀.
"내가 그 옛날에 세 딸만 예쁜 옷 사주면서 네 것은 못 산 것이…. 나도 그때 왜 그랬는지 기억은 안 난다만 그것이 늘 마음에 걸렸다. 이 옷 괜찮은 옷이니 네가 잘 입고 그때 일은 잊어주면 좋겠다."

"엄마!…." 하며 작가는 말을 잇지 못한다. 작가는 자기만 마음이 아팠다고 생각했는데 엄마는 더 많이 아팠던 것이다.

옷을 받아들고 어둠이 내리는 저녁 길을 집으로 돌아오면서 나는 그동안 마음고생 했을 엄마가 안쓰럽고 죄송해서 눈물을 흘렸고, 옹졸했던 내 마음이 한심스러워 소리도 못 내고 눈물을 삼켰다.

이해와 용서는 동류항이다. 둘 다 사랑이 전제가 된다. 그러나 부모 자식 간에는 일방적 내리사랑이다. 신수옥의 <엄마의 원피스>에도 세월 따라 자신들 이해의 폭이 줄어든 것은 생각지 않으면서 머리가 커지고 키가 자라니 엄마만큼 가슴도 자란다고 생각하는 이 시대의 자녀들에게 아무리 키와 머리가 자라도 엄마만큼은 가슴이 깊어질 수도 넓어질 수도 없다는 메시지를 담고 있다.

여기서 신수옥의 '엄마'를 생각해 보게 된다. 대개의 경우 어린 시절에는 엄마로 부르다가도 결혼을 하고 어른이 되면 어머니로 부르게 되는 것이 일반인데 신수옥은 '엄마'를 고집하고 자녀들에게도 '엄마'를 강요(?)한다.

나는 친정엄마가 여든셋에 하늘나라로 가실 때까지 엄마를 한 번도 어머니라고 부른 적이 없다. 또한 우리 아이들이 말을 배우기 시작할 때부터 나를 부르는 호칭을 엄마로 가르쳤다.

그런데 그날 나는 큰댁에서 정말 이상한 일을 보았다. 나보다 두 살 위인 사촌 언니와 놀고 있는데 안방에서 누군가 "영옥아~." 하고 언니를 불렀다. 언니가 안방으로 들어갔다. 당연히 나도 얼른 따라서 들어갔다. 언니는 내가 처음 보는 어떤 아줌마 앞에 무릎을 꿇고 앉아서 "어머니 부르셨어요?" 했다. 어, 이 사람은 누구지, 어머니? 왜 엄마가 아니고 어머니지? 엄마라면 부엌에 있어야지 왜 안방에 저렇게 고운 옷을 입고 있는 걸까? 어린 눈에 그 안방에서의 장면은 너무나 생소했다.

그랬다. 새로 들어온 큰어머니, 말하자면 나는 뵌 기억도 없는 돌아가신 큰어머니 대신에 우리 사촌 언니들의 새어머니가 된 분이었다. (중략)

그러니 나를 낳아준 친엄마를 어머니라고 부르는 것은 엄마를 계모 대접하는 예의에 벗어난 일이라고 나는 혼자서 그렇게 단정 짓고 말았다. 어쩐 일인지 우리 엄마도 자녀들이 어른이 되도록 한 번도 당신을 어머니라 부르라고 가르치지 않았다. 엄마와 어머니에 대한 어릴 때의 생각이 머리에 자리하고 있던 나는 물론 자녀들에게 나를 어머니라 부르는 것을 허락하지 않았다. 엄마라는 정겹고 좋은 이름, 내 육신의 분신들에만 불릴 수 있는 그 고귀한 이름으로 평생 불리고 싶었다.

―<엄마와 어머니> 중에서

신수옥에게 '엄마'는 삶의 출발이며 삶의 진행형이다. '엄마'라는 호칭만으로도 추억이 살아나고 그립고 더러는 미안해서 후회가 되는 그렇게 용서와 이해와 화해가 이뤄지게 하는 삶의 만병통치약이다.

그런가 하면 '아버지'는 신수옥 삶의 보호막이었다. '아버지'에 대해서는 이 수필집에서 <평창동 그날>과 <아버지의 넓은 등> 두 편에서만 언급이 되었다. 엄마만큼 사랑이 덜해서일까. 아니다. 아버지는 그냥 아버지로 그의 삶 전부에 녹아있다. 아버지는 그녀의 힘이었고 버팀목이었고 보호막이었다. 엄마에 비해 상대적으로 너무 크고 깊고 강하게 존재되어 있던 아버지였기에 오히려 그의 글 속에선 많이 등장하지 않았을 뿐이다.

'어릴 때부터 유난히 몸이 약하고 툭하면 넘어지기도 잘하고 다리가 아파 고생한 적이 많았'던 신수옥은 먼 거리를 걸어서 학교 가는 것이 싫으면 다리가 아프다고 울며 떼를 썼다. 그런 딸을 출근을 미루며 '넥타이를 맨 정장차림 그대로' 업고 집을 나서곤 하셨던 아버지다. 그런 아버지의 넓은 등과 산길을 기억하고 있다.

아무리 몸이 마르고 약했다고는 해도 여덟 살이면 학교까지 삼십 분 남짓 업고 가는 일이 쉬운 일은 아니었을 텐데도 아버지는 단 한 번도 힘드니까 쉬었다 가자고 하신 적이 없다. 시간을 절약하기 위해서였을까 아버지는 아이들끼리 다니는 넓은 길이 아닌 산길을 택하셨다. 그 산길. 나는 아직도 아버지의 등에 업혀 바라보던 그 산길이 눈에 선하다.

―〈아버지의 넓은 등〉 중에서

'넓은 등'에서 느끼던 든든함과 안온함은 그가 삶을 사는 동안 가장 큰 힘이었을 것이다. 그 아버지가 돌아가실 때에야 작가는 철이 든 후 처음으로 아버지의 뺨에 자신의 뺨을 대어본다. 그리고 아직 온기가 남아있는 아버지의 뺨에서 처음이자 마지막으로 아버지의 살결을 느껴본다.

아버지는 나를 기다리시느라 눈을 감지 못하셨던 것 같다. 여섯 남매 모두 다 눈 속에 그려 넣고 가시고 싶었나 보다. 한 번 눈을 감아버리면 다시는 뜨지 못해 달려오고 있는 둘째딸을 못 본 채 가시게 될까봐 남은 힘을 다해 눈을 뜨고 계셨다. 얼마나 힘드셨을까. 아버지의 입술이 바짝 말라있었다. 거즈에 물을 묻혀 입술을 축여드렸다. 울고 있는 나를 작은 오빠가 등을 쓸어주며 달래주었다. 동생이 아버지께 말씀드렸다.
"아버지 잠시라도 눈을 감으세요. 계속 뜨고 계시니까 힘드시잖아요. 작은언니도 보셨으니 잠시 눈을 감고 주무세요."
동생이 아버지의 눈을 감겨드리는 순간 아버지는 이생의 끈을 완전히 놓으시고 먼 길을 떠나셨다.

―〈아버지의 넓은 등〉 중에서

신수옥의 수필들이 그려내는 이와 같은 그림들은 단순히 부모 자식 간의 사랑이 아니다. 바로 매일이다시피 매스컴을 오르내리는 깨어진 가정들의 소식을 보며 나는 참 많은 사랑을 받고 자랐구나 감사하면서 속히 이 시대의 가정들도 회복되기를 염원하는 간절한 기도를 담고 있다. 그는 아버지에게 마지막 사랑을 표한다.

이름 모를 호스들이 아버지의 몸 여기저기 연결되어 있었지만 나는 몸을 숙여 그대로 아버지를 내 품에 안아보았다. 아니, 안겨 보았다. 쏟아지는 눈물을 주체하지 못한 채 아버지께 한 번도 들어본 적 없고 나도 해드린 적 없는 말씀을 처음으로 아버지의 귀에 대고 속삭였다.
"아버지 사랑해요. 그리고 존경합니다. 아버지의 딸이어서 참 자랑스러웠어요."

―<아버지의 넓은 등> 중에서

<엄마의 원피스>와 <아버지의 넓은 등>을 통해 신수옥은 온전한 가족의 회복을 희원한다. 내가 누린 것이 나만의 특별한 축복이 아니라 모두가 함께 누려야만 할 것이라고 생각한다. 그것이 세상을 향한 따뜻함과 바름의 눈과 마음을 갖고 지나온 삶과 살아갈 삶을 생각하는 작가 신수옥이 풀어내는 사랑의 의미다.

신수옥에겐 정열적인 면도 있다. 겉으로는 냉철하고 접근하기 어려워 보일 것 같지만 그의 수필 한 편만 읽고 나도 그 안 가득 넘쳐나는 열정에 그냥 동화되고 만다. 아마도 젊었을 때 그러니까 스물을 막 넘어선 꽃봉의 나이엔 더욱 매력이 넘쳤을 것 같다. 그래서 그는 단번에 한 남자의 표적이 되었고, 그 진실함에 사로잡힌 그 또한 뜨거운 사랑의 포로가 된다.

(1) 온종일 눈이 내려 캠퍼스가 흰 눈으로 덮이고 나뭇가지 위에도 소복이 눈이 쌓인 아름다운 겨울 풍경에 젊은 가슴이 뛰던 날 이웃한 S대학에 심부름을 가게 됐다. 화학과가 있는 R관을 들어서다가 그 교수님과 우연히 마주쳤다. 대학생활의 마지막 학기에 내가 다니던 대학에 와서 우리 클래스를 가르친 분이었다. 예기치 못한 만남이었기 때문이었을까. 그렇게 반갑고 마음이 설레었다. 하지만 내색할 수는 없는 일이어서 속마음을 감추고 일을 보는데 그분은 반가운 기색을 전혀 감추지 않고 내 일을 도와주었다.

(2) 한낮부터 내린 폭설로 길이 마비될 지경인 어느 오후 퇴근이 임박한 시간에 그분한테서 전화가 왔다. 함께 눈길을 걷자고 했다. 신촌의 한 찻집에서 기다리고 있던 그는 나를 데리고 비원으로 갔다. 그것이 아마도 우리의 첫 데이트가 아니었나 싶다.

(3) 눈으로 교통이 정체되어 혼란스러운 바깥세상과는 달리 정적에 쌓인 비원은 이름 그대로의 신비스러움에 눈이 내리는 소리마저 들리는 듯했다. 그는 손이 시리겠다며 갑자기, 그러나 아주

자연스럽게 내 손을 잡아 자신의 코트 주머니에 넣었다. 얼떨결에 손이 잡힌 나는 당황한 중에도 그이의 따듯한 체온을 느끼며 가슴이 뛰는 환희로 벅차올랐다. 아까부터 내리던 눈은 그대로였지만 내게는 전과 사뭇 다른 풍경이 되어 있었다. 눈송이 하나하나가 오직 나를 축복해주기 위한 것처럼 느껴졌다. 눈 내리는 비원의 숨 막힐 듯 고요한 아름다움! 그것이 내 사랑 시작의 모습이었다.

(4) 책을 펼치면 책 속에 그가 있었고 실험을 하려면 비커 속에, 플라스크 속에도 그가 있었다. 밖으로 나오면 하늘 가득 그가 나를 보며 웃고 있었고 잠들면 꿈속에도 그가 내 곁에 있었다. 그의 사랑을 받고 있다는 것만으로도 나는 세상에서 가장 행복한 여자였다.

(5) "여기 좀 나와 보세요. 함박눈이 쏟아지고 있어요." 곁에 온 남편이 어깨동무한다.

(6) 눈송이 하나하나에 우리가 살아온 날들의 편린들이 실려 함께 춤추듯 나부낀다. 사랑했던 순간들, 아이들을 낳고 키우며 기뻤던 순간들, 힘들고 고달팠던 순간들조차 눈송이에 실리니 아련한 그리움이 되어 나른다. 세월은 그렇게 흘러가고 있었다.

— <눈이 내린다> 중에서

<눈이 내린다>를 보면서 한 영혼과 또 하나의 영혼이 만나 어떻게 삶을 이루고 세상을 살아가는지를 보게 된다. '사랑'이란 말은 이해와 협조와 용서와 희생에 전적 나눔, 전적 배품,

전적 낮아짐, 전적 높임들이 합해져 만들어낸 맛있는 주스 한 잔이란 생각이 든다.

신수옥은 이 수필의 처음을 '눈이 내린다. 함박눈이 펑펑 내린다.'로 시작한다. 그리고는 '세월은 그렇게 흘러가고 있었다.'라고 마감한다. 그 세월 속에 그는 무엇을 흘려보냈는가. 사랑했던 순간들, 아이들을 낳고 키우며 기뻤던 순간들, 힘들고 고달팠던 순간들이란다. 어쩌면 신수옥 삶의 요약은 바로 크게 이 셋으로 대별될 것 같다.

누구나 다 그렇겠지만 신수옥에게 가족은 무엇보다 소중한 존재다. 부모, 6남매, 부부, 자식은 사랑의 대명사들이다. 그가 존재할 수 있었던 이유요, 그가 존재해야 하는 이유요, 그가 존재하는 의미다.

그는 1968년 1월 21일 저 유명한 1·21사태가 일어난 날 대학시험을 하루 앞두고 있었다. 그것도 그 사건의 중심지인 평창동에 살던 그가 총소리 속에도 엄마 옆에서 편히 잠을 자고 살벌한 긴장 속에서도 아버지의 주선으로 야채장수 트럭을 얻어 타고 시험장에 도착해 시험을 치렀다. 사랑하는 가족의 힘이었다.

내게는 전날 밤의 그 소란으로부터 온 마음을 다해 기도하는 마음으로 나를 지키며 밤을 지새운 엄마와 자식같은 어린 군인에게 머리를 조아려주신 아버지의 사랑이 있었고 상황을 이해해준 인간적인 고마운 군인과 안전한 지역까지 태워다 준 트럭아저씨, 그리고 몇 살 차이 나지 않으면서도 동생을 알뜰히 보호해 주었던 언니가 있었다. 이들 덕분에 무사히 시험을 치를 수 있었던 것, 그것만으로도 나는 평생 사랑에 빚진 자로 감사의 마음을 잃지 않고 살아야 한다.

―〈평창동 그날〉 중에서

사랑에 빚진 자는 행복하다고 했다. 빚을 졌다는 것을 인식하는 순간부터 빚을 갚기 위한 노력이 시작될 수밖에 없다. 그러나 사랑의 빚은 갚아도 더 늘어나는 빚이다. 그러니 마음뿐이다. 그래서 한 번 진 사랑의 빚은 결코 다 갚을 수가 없다.

• 세 자매가 여행길에 나섰다.
 나는 육 남매의 넷째, 딸로는 둘째 딸이다. 부모님 밑에서 옹기종기 자라던 일이 엊그제 같은데 어느새 우리는 손자, 손녀를 서넛씩 둔 할머니, 할아버지가 되었다.
• 일곱 밤을 매번 다른 호텔에서 잤다. 유난히 잠자리에 예민한 나를 위해 두 사람은 불평 한마디 없이 항상 가장 아늑하고 좋은 자리를 내게 양보해주었다. 언니와 동생은 툭하면 배탈과 설사로 고생하는 나를 염려해 식사시간마다 이것저것 신경 써주었다. 자신은 별로 좋아하지 않으면서도 내가 좋아하는 간식을

챙겨온 두 사람의 염려 덕분에 열흘 가까운 여행에 배탈 한 번 나지 않고 잠자리가 불편해 날밤을 새운 일도 없이 건강하게 즐거운 여행을 할 수 있었다.

• 하지만 이제부터는 아니다. 칠순을 바라보는 언니에게는 살가운 동생으로서, 미제 막 이순에 들어선 동생에게는 푸근한 언니로서, 그동안에 받아온 사랑을 갚으며 오래오래 지금처럼 사랑을 나누며 살고 싶다.

—<자매여행 이야기> 중에서

몸이 약한 작가에겐 언니도 동생도 보호자다. 그러나 그것이 어찌 보호 만이랴. 희생이 전제된 사랑, 가족 사랑이다. 사랑이란 할 수 있는 것을 해주는 것이 아니라 해줄 수 없는 것까지 해주는 것이다.

환경이란 때로 사람을 아주 바보스럽게 만들어버리기도 한다. 그래서 오해 아닌 오해가 생기고 혼자서 절망하기도 한다. 그러나 그 또한 가족이라면 이해가 되고 부부라면 믿음으로 회복이 된다.

• 난생 처음 미국에 간 것은 내 나이 만 스물일곱 살 때였다. 결혼한 지 4년. 두 돌 반 된 딸과 함께였다.

• 내가 흑백 TV라면 그녀들은 화려한 컬러TV 같다고 하면 옳은

비유가 될지 모르겠으나 하여간 나는 열등감을 느끼기 시작했다.
　• 우리는 누가 뭐래도 당신은 내게, 나는 당신에게 길들여진 부부 아니요? 당신은 내게 그런 존재요. 아무리 아름다운 여자들 틈에 있어도 그리워지는 사람. 부족하면 부족한 대로 내게 가장 합당하기에 하나님이 내게 허락하신 단 한 사람의 여자가 바로 당신 아니겠소?"
　• 이 날까지도 내가 완벽하게 신뢰할 수 있을 만큼 신실한 남편이 고맙고, 나 또한 남편에게 똑같이 믿음을 주는 사람으로 인정받는 아내인 것이 참으로 감사하다.
　　　　　　　─<내 별의 한송이 붉은 장미>　중에서

　가족은 사랑이란 말로는 다 표현하기 어려운 질긴 운명체다. 수필의 내용은 작가의 체험이기에 신변잡기라고 폄훼되기도 하지만 그만큼 강력한 공감을 불러오기도 한다. 어떤 고통도, 어떤 슬픔도, 어떤 절망도 이겨낼 수 있는 힘은 가족이기에 가능해 진다. 끝없는 수용과 화해, 받는 사랑은 이기적이 될 수 있어도 주는 사랑은 그냥 희생인 것도 바로 사랑의 본질이 '주는 것'이기 때문이다. 내 것 모두를 주어도 아깝지 않은, 그래서 내 생명보다도 더 소중하다. 내 목숨도 주저 없이 내놓을 수 있는 상대, 신수옥은 그걸 남편에서 자식으로 확대하며 사랑의 지경을 확인한다. 아이들을 낳고 기르는 것 또한 '생명보다 소중한' 것이었다. 그래서 세상의 부모들에게 그리고 자식들에게 그는 마구 외치고 싶어 한다. 더욱이 부모자식 간의 기본 도리까지 잊혀지고 깨어지고 말살되어가는 현대를 바라보는 그의 눈은 그래서 더 '내 생명보다 소중한'을 외친다.

 3년간 나는 아이의 사진을 가슴에 품고 다니며 기도했다. 필요하다면 내 생명까지라도 드릴 테니 아이를 깨끗하게 고쳐달라고 이제 수술 후 조심하며 약을 먹는 기간도 끝나가고 있다. 이 감사한 마음을 어찌 말로 표현할 수 있을까.
 사람들이 가끔 묻는다. 손자가 예쁘냐, 손녀가 예쁘냐, 또는 친손이 귀하냐 외손이 귀하냐. 그래서 한참을 생각해 본 적이 있다. 아무리 생각해도 두 명의 외손자와 한 명의 친손녀 중에 뒤에 세울 놈이 없다. 이 녀석들을 위해서라면 아까울 것이 하나도 없다. 나는 내 생명도 아낌없이 내어줄 수 있는 손자가 셋이나 있는 할머니임이 자랑스럽고 행복할 뿐이다.
         —<내 생명보다 소중한> 중에서

이게 부모의 마음 아니랴. 이처럼 사랑 그 이상의 힘을 신수옥의 수필들에선 보여준다.

신수옥에게도 참으로 힘들었던 순간들이 있었다. 무엇이 그를 그토록 힘들게 했느냐보다도 삶이란 그런 순간도 맞게 된다는 쪽이 옳은 표현일 것이다. 따뜻하고 바름의 신수옥이기에 더욱 견딜 수 없었던 순간이지만 우리네 삶에서 겪어야 할 통과의례일 수도 있다. 그걸 이겨내는 것이 삶이고 또한 우리다.

• 희생하는 자에게 감사하기보다는 날이 갈수록 더 많은 희생을 요구하는 현실 앞에서 내 연약한 영혼은 결국 더 이상 견디지 못하고 불면증으로 고통 받기 시작했다.

'불면증 환자!' 받아들일 수 없었다. '내가 왜?' 약을 먹다 끊다 하는 악순환이 계속되었다.

• 입원한 날 밤. 모든 시중을 끝낸 남편이 곁에 앉아 위로해주었으나 이미 내 영혼은 아무것도 생각할 수 없을 만큼 피폐해져 있었다.

• 허우적거릴수록 더 깊이 빠져드는 수렁. 무서운 우울증이었다.

• 아이들의 엄마노릇을 제대로 해낼 자신이 없었다.

• 자포자기의 시간을 보내면서 내가 살아있다는 것이 아무에게도 도움이 되지 않는다는 생각에 죽음을 생각하는 시점까지 이르렀다.

• 필설로는 다 표현할 길 없는 숱한 혼돈과 고통의 시간을 거쳐 드디어 머리맡에 놓인 다량의 수면제를 손에 들었다. 그 순간 무슨 힘이었을까 신기하게도 살아야 한다는 생각이 한줄기 빛처럼 내 심장을 관통했다. 그때부터 죽을힘을 다해 몸부림치며 수렁을 헤치고 나왔다. 한 손은 하나님을 잡고 다른 한 손은 남편을 잡고서. 물론 의사의 도움도 거부하지 않았다.

• 젊은 날, 그 날의 고통이 있었으므로 나는 삶의 소중함을 깨달았고 내게 허락된 오늘을 감사로 맞이하고 감사로 마무리할 수 있는 사람이 되었다. 고통 또한 견디고 넘어서면 소중했던 순간으로 남는 우리 인생의 한 부분이 아닐 수 없다. 겨울을 참고 견디면 봄은 꼭 오게 되어있다.

―<내 삶의 겨울을 넘어서> 중에서

문학 특히 수필이 회복과 치유가 되는 것은 이런 끊임없는 자신 돌아보기의 성찰이 있기 때문이다. 아픔 고통 슬픔 절망을 극복할 수 있는 계기도 곧 가족이라는 든든한 믿음이 작용함이다. 신수옥의 수필들은 이런 가족의 힘을 사랑이라 믿음이라 말한다.

신수옥 수필은 희망과 승리의 긍정적 삶을 지향한다. 사람들은 완전하고 완벽하다고 하는 곳에서 오히려 상처를 입는다. 평상의 눈높이에서는 보이지도 않는 것, 평상의 청력으로는 들리지도 않는 것, 너무 낯익었거나 너무 하찮을 정도로 작은 것, 그런 속에서 나만 소외된 것으로 느끼고 실망하고 절망까지 한다. 그러나 아무도 그런 내 마음을 알아주진 못 한다. 특히 성실하게 삶을 사는 이들이 겪는 갈등이다. 남이 보았을 때는 전혀 문제도 아니고 아무렇지도 않은 것 같으나 내 안에서는 감내할 수 없을 만큼의 아픔을 겪을 때가 있는데 그걸 더 견디기 어려운 것은 가장 가까운 사람, 가장 이해를 해줘야 할 사람이 알지도 못함이다. 신수옥도 그랬다. 그러나 이 또한 그만의 사랑법으로 잘 풀어낸다.

3. 바른 눈으로 세상 바라보기

<무엇이 명품인가>는 사회수필적 성격을 띠면서 평소 신수옥의 가치관과 성품이 잘 나타나 있는 수필이다. 사랑하는 딸이 큰 맘 먹고 사준 명품 가방, 그런데 그런 딸의 마음이 고마우면서도 편치 못한 것은 그가 생각하는 명품의 의미 때문이다.

- 캄보디아나 아프리카의 가난한 많은 나라에는 한 달에 3만 원이 없어 굶는 아이들이 수도 없이 많다고 하던데 수백만 원짜리 가방을 들고 다니는 것이 귀한 생명들을 다년간 먹여 살리고 교육시키는 것보다 의미 있는 일일까?
- 나는 그 가방을 소중히 보관해두었다가 딸네 집에 갈 때만 꺼내서 사용한다.
- 그 가방을 들 때마다 생각한다. 과연 무엇이 명품인가.
- 꽃들이 흐드러지게 핀 아름다운 봄. 손자 녀석들에게 줄 선물을 넣은 명품가방을 들고 지금 나는 사랑하는 딸네 집에 간다. 명품 같은 내 딸과 사위, 그리고 손자들을 만나기 위해.

세상을 바라보는 그의 따뜻한 눈과 마음을 보여주는 아름다운 수필이다. 그렇게 신수옥에게 추억은 글을 여는 마중물이다. 그는 그렇게 퍼내어진 추억들을 가공하여 맛깔스런 수필로 요리해 낸다. 이해와 사랑이 가득한 그의 마음속에서 추억들은 따뜻한 연민과 사랑으로 위로와 치유의 여운이 된다.

- 초등학교에 들어가면서부터 나는 두 살 위인 작은 오빠와 등하교를 함께 했다.
- 절망이었다. 나는 얼굴을 두 손으로 가리고 울면서 집으로 뛰어 들어갔다. 식구들 눈에 뜨이지 않으려고 창고로 쓰는 작은 방에 들어가 구석에 쭈그리고 앉았다. 그리고는 수치심으로 어찌할 줄 모르고 한참을 울었다.
- 온화하다, 여자답다, 얌전하다, 이런 말을 들으며 거기에 나 자신을 맞추며 살아온 날들이 정말 나다운 삶의 날들이었을까? 가슴속에는 화롯불을 품고 정열적으로 행동하고 싶은 마음이 절실한 순간이 있었음에도 나는 다른 사람들이 만들어준 틀을 과감하게 깨지 못했다.

―<내 가슴속의 화롯불> 중에서

누구에게나 특히 여학생에게 이런 추억 하나쯤은 없지 않을 것이다. 하지만 그 나이에는 하늘이 내려앉는 절망일 수 있었다. 그런데 여기서도 삶의 지혜와 교훈을 만들어낸다.

인생은 하나의 가면을 완성하는 일이라고 어떤 작가가 말했듯이 나도 다른 사람들의 마음에 드는 가면을 만들어 내 본래의 모습을 숨기며 살아온 것은 아니었나 돌이켜보게 된다. 이제는 60년 가까이 익숙해진 가면을 벗어버리는 것은 어려운 일이겠지. 하지만 가능하다면 누구의 아내로서, 엄마로서 내게 덧씌워져 있던 허울 따위는 다 벗어버리고 있는 그대로의 모습으로 살아가고 싶다. 내 내면의 외침을 애써 억누르지 않고 그 순간의 감정에 충실하면서 그렇게 자유인으로 살고 싶다.
　　　　　　　　　　　　ㅡ<내 가슴속의 화롯불> 중에서

　자유인, 그가 원하는 자유인이란 어떤 것일까. 모성애적 포근함으로 편안케 하는 수필, 진부한 이야기인데도 새로운 것처럼 묘한 매력이 느껴지게 하는 신수옥의 수필들에는 그리움에 바람(願)의 메시지가 들어있다. 바로 그가 원하는 자유인의 답이다.

　아마 앞으로도 목련이 피고 라일락이 향기를 흩날리고, 밭에 쑥이 지천이라는 시골친구의 전화를 받을 때마다 내 가슴은 뛰겠지. 새록새록 깊어가는 향수병을 가슴에 안고 마음의 고향, 시골로 달려가는 내 마음을 누가 붙들어 줄까.
　　　　　　　　　　　　　　ㅡ<봄 앓이> 중에서

　내 것 네 것을 가리지 않고 나누던 그 후한 인심을 지금은 어디에서 찾아볼 수 있을까.

— <버섯> 중에서

한 아름 들국화를 품에 안고 향기를 맡으며 행복했던 그 어린 시절 이후 나는 들국화에 대한 그리움을 향수병을 앓는 사람처럼, 첫사랑을 못 잊어 하는 사람처럼, 가슴속에서 지워내지 못하고 있다. 언젠가 그때 그 숲 속에서 내게 자신의 모든 향기를 주던 그리도 순결했던 들국화를 또다시 볼 수 있을까?

— <잊을 수 없는 향기> 중에서

더 이상은 이런 불쌍한 아기들이 낯선 나라로 떠나 평생을 자신의 뿌리를 그리워하며 살게 하지 않을 수는 없는 걸까?

— <비행기 안에서> 중에서

나는 가난한 나라에서 자라면서 형성된 내 모습에 얼마나 마음이 아팠던지. 어쩔 수 없이 형성된 내 준비성에 비애감마저 느끼면서 정말 울고 싶었던 하루였다.

— <불필요한 준비성> 중에서

향수병을 가슴에 안고 시골로 달려가는 마음, 내 것 네 것 가리지 않는 후한 인심, 자신의 향기를 모두 내주던 순결한 들국화, 결국 그가 추구하는 자유함이란 현대라는 섬 속에 갇혀 차단되어 버린 옛 것들 속으로 돌아가고픈 것이 아닌가. 그렇기에 그렇게 돌아갈 고향이라도 있는 작가이기에 아무것도 모르고 낯선 나라로 떠나보내지는 불쌍한 아기에 연민이 가고, 내가 가난한 나라일 때 살며 갖게 되었던 준비성에 비애감을 느낀다.

그의 수필들은 이처럼 평범함 속에서 귀한 진리를, 익숙하고 낯익은 것들은 낯설게 하면서 눈을, 귀를, 가슴을 그의 세계로 끌어들인다. 그렇게 공감을 유도하여 그와 마음을 포개게 한다.

4. 나가며

사실 신수옥에게 문학은 넘볼 수도 없는 전혀 다른 세계였다. 그러나 어느 날 친구 따라 가본 한 길에서 또 다른 한 세계가 있음을 발견한다. 그리고 이내 그 맛과 매력에 빠지고 만다. 처음 맛본 그 맛에 그는 밤 가는 줄 모르고 펜을 놀린다. 어떻게 그렇게 하고픈 말들이 많았는지 신기하기만 했다. 무심코 작은 돌멩이 하나를 빼냈는데 그 자리에서 펑펑 물줄이 솟아오른 것처럼 신수옥에게 이야기는 이야기를 낳았고 그 이야기는 글이 되어 그의 가슴을 돌아 나왔다.

행복이란 누리는 것일 수도 있지만 느낌만으로도 행복할 수 있다. 신수옥에게 글쓰기는 이런 실존과 행복의 의미를 깨닫게 하는 가보지 않은 길이었다. 그런 글쓰기의 세계에 자신을 내어놓자 내면 깊이 잠재해있던 것들이 아름다운 반란을 일으킨다. 그는 자연스럽게 그 반란을 즐기며 튀쳐 나온 생각들을 수필이란 그릇에 담아내놓는다. 그래서 그의 글들에선 특별한 치장도 억지스런 숨김도 없다. 해서 신선하다. 내놓은 그의 글 상(床)에서 어떤 것은 은어처럼 파닥이며 반짝이고 어떤 것은 다소곳이 누워있기도 한다.

표제작 <보석을 캐는 시간>은 노후 소일거리 이야기만 삶의 마무리를 위한 이야기다.

그는 노후에 관심이 많다. 그럴만한 나이기도 하지만 과학적인 사고로 길들여진 그답게 모든 것은 미리 준비되어 있어야 한다. 그래서 40대에 만난 퀼트야말로 남은 생을 즐겁게 할 수 있는 일이라고 생각했다. 그런데 가느다란 손목이 먼저 백기를 들었다. 그러다가 문학을 만났다. 그는 이게 확실한 노후대책이라고 확신한다. 노후 대책 중 가장 큰 것은 남은 시간을 사는 일이다. 흘려보내는 것이 아니라 내 의지대로 내가 사는 방법, 내가 그 시간의 주인이 되어 살아갈 수 있는 생산적이고 창조적인 소일거리로 그가 찾은 문학에서 그는 광산에서 보석을 캐는 광부로 자신을 비유한다. 그는 '지금 문학에 대한 갈증으로 목이 탄다.'고 한다. 또 '세상 모든 것이 글의 소재가 될 수 있음은 신기한 일이다.'라고 신나 한다. 세상 모든 것이 소재가 되는 그의 글쓰기에서 그가 갈증을 해소할 만큼 독자에게 풀어놓을 그만의 이야기들이 더욱 기대된다.

<착한 남편의 실수> <놀부 심보 아내> 같은 부부이야기, <딸아 미안하다> <장성한 내 아들> 같은 자식 이야기, <프린스턴에서 오신 선생님> <내 친구 메리엘렌> 같은 선생님과 친구 이야기, <안녕, 나의 천사들> 같은 봉사이야기, 거기에 5부의 기행수필, 6부의 <여중생과 국회의원> 같은 시사적인 성찰 이야기 등 그의 글은 '세상 모든 것이 글의 소재가 될 수 있음'을 증명하고 있다. 그러나 그가 살아가는 동안 해야 할 일로서의 글쓰기는 단순한 자신의 소일거리만은 아니다. 과학적 사고에 자신의 감성이 어우러지면서 연륜이 더해가는 글쓰기에선 분명 지금까지 보여준 그 이상이 나올 것이다. <아우슈비츠의 통곡> <행동하지 않는 죄> <그럴 수도 있지> <선진사회와 장애인> 등에서 보여준 사회를 향한 그의 사색과 사고는 '가족사랑'을 말하던 그의 눈과 마음이 아니다. <보다 좋은 나라로 가는 길목>처럼 열린 눈, 깨어있는 생각, 그리고 나보다 우리를 먼저 생각하는 마음으로 내 몸을 내어줄 수 있는 사랑보다 더욱 큰 사랑을 품고 있다.

신수옥의 수필들에선 일상적이고 익숙한 것들이지만 사유를 통한 낯설게 하기로 독자에게 읽을 맛을 선사한다. 사유가 없는 수필은 향기 없는 꽃과 같다. 사유를 통해 작가의 철학도 반영된다. 특히 신수옥의 사유 속엔 신앙이 전제가 되어있다.

천성적인 그의 따뜻한 마음에 배움을 통해 쌓아온 바름, 그리고 신앙은 세상을 어떻게 살고 어떻게 보고 어떻게 그의 역할을 할 것인지를 수필 속에서 잘 차린 삶의 한 상으로 펼쳐낸다.

이순의 나이에 '한 사람의 문학인이 되기 위해 새로운 것을 배우며 글을 쓰는 시간, 그것은 자연과학을 공부하면서 느꼈던 것과는 또 다른 희열'이라는 신수옥이 '미숙한 첫 항해일지를 검사받는 떨리는 마음'으로 내놓는다는 수필집엔 가족. 남편, 아들, 딸, 선생님, 친구, 그리고 그와 함께 한 시대를 사는 모든 것들과 함께 소중한 것이 무엇인지 그리고 그것들이 어디에 있는지를 다시 한 번 생각해 보게 한다. 그의 문학에 대한 열정과 그만의 능력에 연륜이 더해지면서 보이게 될 더 많은 수필들도 기대하면서 그만의 '보석을 캐는 시간'이 아니라 이 시대를 살아가는 특히 이 수필집을 읽게 될 행운의 사람들 모두에게도 복된 '보석을 캐는 시간'이 될 걸로 믿는다.

신수옥 수필집

보석을 캐는 시간

2014년 7월 25일 초판 인쇄
2014년 8월 1일 재판 인쇄

지은이 신수옥 | 펴낸이 김은영 | 펴낸곳 북 나비
출판신고 2007년 11월 19일 제380-2007-00056호
주소 143-835 서울시 광진구 자양로23길 65 (구의동, 1층)
전화 (02)903-7404, 팩스 02-6280-7442
booknavi@hanmail.net
www.booknavi.co.kr

© 신수옥 2014
ISBN 978-89-993682-64-9 03810
값 14,000원

※ 잘못된 책은 바꿔 드립니다.